# Das Museum der Weltkulturen

*Für Natalie und Otto – R.W.*
*Für Bruder Jo – J.N.*

Eintritt frei!

# Das Museum der Weltkulturen

Illustrationen von RICHARD WILKINSON

Text von JO NELSON

PRESTEL
München • London • New York

# Vorwort

# Der Mensch ist erstaunlich kreativ. Seit über einer Million Jahren erfindet er funktionale Werkzeuge und erschafft aufwendige Kunstwerke.

Auf den ersten Blick sind Zweck und Bedeutung eines Artefakts oft unverständlich, doch wenn man es in seinen kulturellen Hintergrund einzuordnen vermag, öffnet sich ein Fenster zu einer längst vergangenen Zeit. Die Kratzer auf einem Stück Ocker scheinen bedeutungslos, bis wir erkennen, dass sie 70 000 Jahre alt sind und die ersten bekannten Beispiele für Verzierungen von Menschenhand darstellen. Eine kleine Tonfigur mag uns unspektakulär erscheinen, bevor wir erfahren, dass sie als eine von Tausenden den gewaltigen Grabhügel eines japanischen Kaisers bewachte.

Objekte aus der Vergangenheit in ihrem Kontext zu betrachten, ermöglicht außerdem, Verbindungslinien zwischen Zivilisationen zu ziehen und allgemeingültige Themen des menschlichen Daseins zu erkennen. Ein mesopotamisches Brettspiel und ein altägyptisches Bäckereimodell scheinen wenig gemeinsam zu haben, wenn man nicht weiß, dass beide Verstorbenen für ihr Leben nach dem Tod auf den Weg gegeben wurden.

Die Arbeit an diesem Buch hat mich zu längst vergangenen Welten, aber auch zu lebendigen Kulturen geführt. Ich habe mit Kelten Feste gefeiert, mit Persern Schlachten gefochten, mit afrikanischen Königen Handel getrieben, mit Aborigines Felskunst bewundert, prächtige Tempel gebaut und an zahlreichen altertümlichen Ritualen teilgenommen. Jetzt lade ich dich ein, es mir nachzutun.

**Jo Nelson**

Verfasserin des Museums der Weltkulturen

1
Eingang
Willkommen im Museum der Weltkulturen
Was ist Archäologie?
Zeitleiste der Ausstellungsstücke

7
Saal 1
Afrika
Südliches Afrika
Westliches Afrika
Altes Ägypten

23
Saal 2
Amerika
Die Olmeken
Die Maya
Die Azteken
Die Hopewell
Die Pueblo-Kultur

37
Saal 3
Asien
Altes Indien
Altes China
Altes Japan
Altes Korea

51
Saal 4
Europa
Die Kelten
Altes Griechenland
Altes Rom
Die Wikinger

67
Saal 5
Naher Osten
Mesopotamien
Levante
Altes Persien
Früher Islam

81
Saal 6
Ozeanien
Australische Ureinwohner
Melanesier
Polynesier
Māori

93
Bibliothek
Stichwortverzeichnis,
Kuratoren,
Bildnachweis

*Eingang*

# Willkommen im Museum der Weltkulturen

Die Kuratoren haben lange überlegt, was Eingang in dieses Museum finden soll. Ein noch so kleiner Gegenstand kann Licht auf eine alte Lebensform werfen, aber es würde ein Museum unvorstellbaren Ausmaßes benötigen, um alle Kulturen der Vergangenheit vorzustellen.

Auf den folgenden Seiten kann nur eine Auswahl der alten Zivilisationen gezeigt werden, aber dies geschieht in der Hoffnung, Neugier und Entdeckergeist zu wecken.

Ausgestellt findest du Gegenstände, die mit Ritualen und Religion, Tod und Bestattung, Schmuck und Schauspiel, Schrift und Geschichten, Alltag und Arbeit, Krieg und Macht in Verbindung stehen. Wenn du durch das Museum streifst, kannst du Zivilisationen vergleichen und Gemeinsamkeiten und Unterschiede entdecken. Bestimmte Begriffe und Themen tauchen immer wieder auf und offenbaren überraschende Zusammenhänge.

Du reist nicht nur durch die Welt, sondern auch durch die Zeit – von afrikanischen Faustkeilen aus Stein, die vor Millionen von Jahren geschaffen wurden, bis zu Tongefäßen aus dem 10. Jahrhundert, die heute noch von Pueblo-Indianern gefertigt werden. Blätter um, tritt ein und komm mit auf eine aufregende Reise in die Vergangenheit!

# Was ist Archäologie?

MUSEUM DER WELTKULTUREN

Archäologie ist das Studium der Vergangenheit anhand der Spuren, die uns alte Zivilisationen hinterlassen haben. Gegenstand ihrer Betrachtung ist alles, was Menschen geschaffen haben – Werkzeuge, Ruinen, Schriftfragmente, Grabbeigaben und vieles mehr.

Um die Wichtigkeit archäologischer Funde einschätzen zu können, müssen sie durch sorgfältige Detektivarbeit geprüft und in Kontext gesetzt werden. Für eine genaue Analyse nehmen Archäologen an Fundstellen viele Proben. Mithilfe einer Technik namens Radiokarbon-Altersbestimmung kann grob das Alter jedes organischen Materials bestimmt werden. Pollenspuren informieren über die Vegetation der jeweiligen Zeit. Anhand ähnlicher Gegenstände wie Bruchstücke von Tonwaren kann im Vergleich eine Zeitleiste erstellt werden.

Moderne Archäologen gehen äußerst genau vor, aber das war nicht immer so. Frühe Ausgrabungen waren eher Schatzsuchen als Versuche, die Vergangenheit zu verstehen. Fundstücke wurden entfernt und verkauft, ohne Rücksicht auf ihre kulturelle Bedeutung. Erst im 18. und 19. Jahrhundert begannen Gelehrte, die historische Bedeutung alter Artefakte anzuerkennen, doch auch dann wurden noch viele Schätze weggeschafft und weit entfernt von ihren Fundplätzen in Museen ausgestellt. Bis heute gibt es Auseinandersetzungen, wohin Ausstellungsstücke von Museen rechtmäßig gehören. Einige alte Kulturen sind bis heute lebendig und ihre Vertreter bemühen sich um die Wiedererlangung ihrer heiligen und kulturell wertvollen Objekte.

Die moderne Archäologie bedient sich neuester Technologien wie Elektronenmikroskop und Satellitenaufnahme und gewinnt so mit der wissenschaftlichen Auswertung jedes neuen Fundes immer tiefere Kenntnisse über die Vergangenheit. Wenn du die Gegenstände im Museum der Weltkulturen betrachtest, überlege kurz, welche Spuren du einmal zurücklassen wirst. Wie werden wohl dein Handy und deine Zahnbürste in einigen tausend Jahren verstanden werden?

# ZEITLEISTE DER AUSSTELLUNGSSTÜCKE

2000 1900 1800 1700 1600 1500 1400 1300 1200 1100 1000 900 800

## Afrika

**Südliches Afrika**
*Steinzeit-Faustkeil*
*Alter: 700 000 – 1000 000 Jahre*
*SEITE 8-9*

**Südliches Afrika**
*Ockerstein aus der Blombos-Höhle*
*Alter: ca. 70 000 Jahre*
*SEITE 8-9*

**Altes Ägypten**
*Wandrelief aus dem Grab des Djehutihotep*
*ca. 1850 v. Chr.*
*SEITE 20*

**Altes Ägypten**
*Büste der Königin Nofretete*
*ca. 1340 v. Chr.*
*SEITE 18-19*

**Altes Ägypten**
*Schafsbock-Amulett*
*712 – 664 v. Chr.*
*SEITE 16-17*

## Amerika

**Olmeken**
*Kolossalkopf Nr. 5*
*1200 – 900 v. Chr.*
Seite 24-25

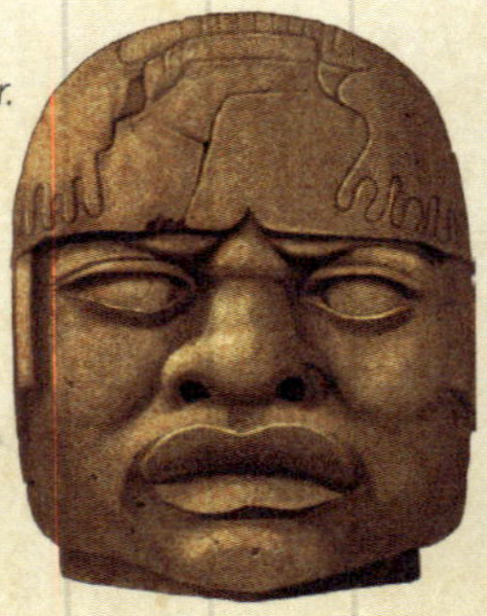

**Olmeken**
*Sitzende we*
*Figur*
*900 – 500*
*SEITE 24-25*

## Asien

**Altes China**
*Steingut-Schüssel*
*3200 – 2700 v. Chr.*
*SEITE 44*

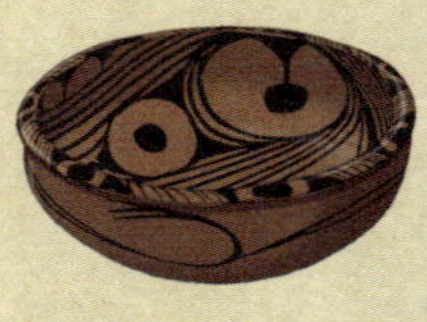

**Altes Indien**
*Tanzendes Mädchen – Indus-Kultur*
*ca. 2500 v. Chr.*
*SEITE 40*

**Altes China**
*Viereckiger Kessel*
*1300 – 1046 v. Chr.*
*SEITE 44*

## Europa

**Altes Griechenland**
*Dinos-Becken*
*7. Jh. v. Chr.*
*SEITE 55*

## Naher Osten

**Levante**
*Kupfer-Zepter*
*4500 – 3500 v. Chr.*
*SEITE 74-75*

**Mesopotamien**
*Ziegenbock-Statuette aus Ur*
*ca. 2600 – 2400 v. Chr.*
*SEITE 68-69*

**Mesopotamien**
*Die Sintflut-Tafel*
*7. Jh. v. Chr.*
*SEITE 72-73*

## Ozeanien

**Melanesien**
*Lapita-Tonstücke*
*1000 v. Chr.*
*SEITE 84-85*

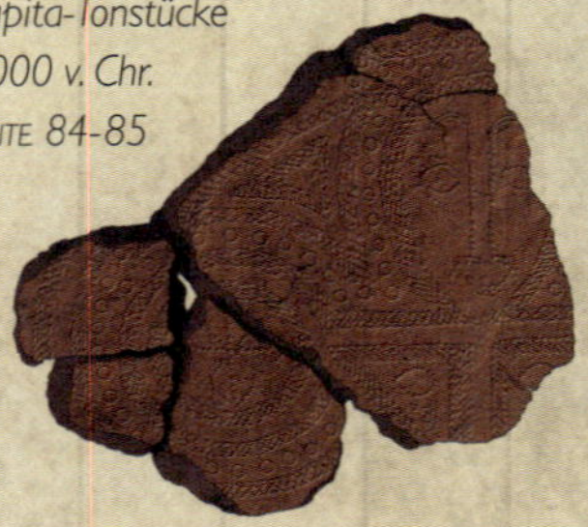

2000 1900 1800 1700 1600 1500 1400 1300 1200 1100 1000 900 800

JAHRE N. CHR.

500 400 300 200 100 0 100 200 300 400 500 600 700 800 900 1000 1100 1200 1300 1400 1500 1600 1700 1800 1900 2000

**Westliches Afrika**
*Nok-Terracotta-Figur*
*6. Jh. v. Chr. – 6. Jh. n. Chr.*
SEITE 14

**Südliches Afrika**
*Lydenburg-Kopf*
*ca. 500 n. Chr.*
SEITE 10-11

**Südliches Afrika**
*Mapungubwe-Nashorn*
*1220 – 1290 n. Chr.*
SEITE 10

**Westliches Afrika**
*Elfenbein-Maske*
*16. Jh. n. Chr.*
SEITE 15

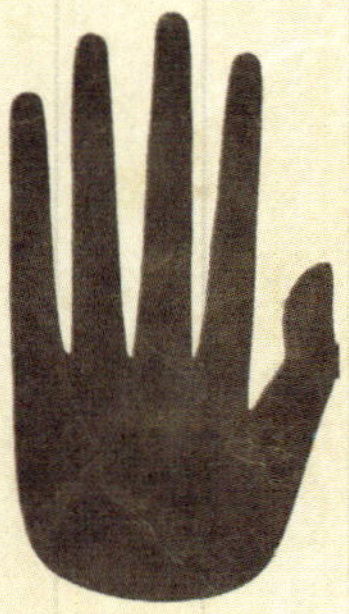

**Hopewell**
*Glimmer-Hand*
*100 v. Chr. – 400 n. Chr.*
SEITE 32-33

**Maya**
*Totenmaske aus Jade*
*683 n. Chr.*
SEITE 26-27

**Pueblo**
*Zylindrisches Gefäß*
*900 – 1130 n. Chr.*
SEITE 34-35

**Azteken**
*Doppelköpfige Mosaik-Schlange*
*15. oder 16. Jh. n. Chr.,* SEITE 30-31

**Altes China**
*…ne Gürtelschnalle*
*2. Jh. v. Chr.*
SEITE 42-43

**Altes China**
*Messergeld aus Bronze*
*7 n. Chr.*
SEITE 45

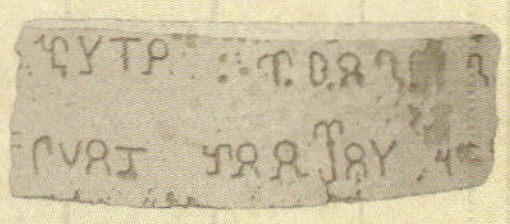

**Altes Indien**
*Säule des Ashoka*
*ca. 238 v. Chr.*
SEITE 41

**Altes Korea**
*Goldkrone*
*5. Jh. n. Chr.*
SEITE 48-49

**Altes Japan**
*Bronze-Buddha*
*8. Jh. n. Chr.*
SEITE 46-47

**Altes Griechenland**
*Laufendes Mädchen*
*ca. 520 – 500 v. Chr.*
SEITE 54-55

**Kelten**
*Großer Torque von Snettisham*
*75 v. Chr.*
SEITE 52-53

**Altes Rom**
*Die Portlandvase*
*ca. 5 – 25 n. Chr.*
SEITE 62

**Altes Rom**
*Münze mit Kopf Konstantins d. Gr.*
*4. Jh. n. Chr.*
SEITE 60-61

**Kelten**
*Seite aus dem Book of Lindisfarne*
*ca. 700 n. Chr.*
SEITE 52-53

**Wikinger**
*Lewis-Schachfiguren*
*1150 – 1200 n. Chr.*
SEITE 64-65

**Levante**
*Die große Jesaja-Rolle*
*ca. 125 v. Chr.*
SEITE 74-75

**Altes Persien**
*Bogenschützenfries*
*ca. 510 v. Chr.*
SEITE 76-77

**Früher Islam**
*Steingut-Schüssel*
*Spätes 10. Jh. n. Chr.*
SEITE 78-79

**Früher Islam**
*Webteppich-Fragment*
*Mitte 8. Jh n. Chr.*
SEITE 78-79

**Aborigines**
*Felsmalerei*
*500 – 1500 n. Chr.*
SEITE 82-83

**Polynesien**
*Hoa Hakananai'a, Osterinsel*
*ca. 1000 n. Chr.*
SEITE 86-87

**Māori**
*Hei-Tiki*
*1600 – 1850 n. Chr.*
SEITE 90-91

**Polynesien**
*Stabgott-Kopf, Rarotonga*
*18. – frühes 19. Jh. n. Chr.*
SEITE 88-89

500 400 300 200 100 0 100 200 300 400 500 600 700 800 900 1000 1100 1200 1300 1400 1500 1600 1700 1800 1900 2000

JAHRE N. CHR.

Saal 1

# Afrika

Südliches Afrika
Westliches Afrika
Altes Ägypten

# Südliches Afrika

Afrika ist der erste von Menschen bewohnte Kontinent. Die ältesten Steinwerkzeuge fand man in Ostafrika. Von dort aus scheinen sich die frühen Werkzeugmacher vor rund einer Million Jahren im Süden Afrikas ausgebreitet zu haben. Man nimmt an, dass die Entwicklung zum modernen Menschen vor ungefähr 200 000 Jahren in der baumreichen Steppenlandschaft Ost- und Südafrikas stattfand.

Höhlenmalerei, Muschelperlen und Grabstätten geben uns Auskunft über das alltägliche und spirituelle Leben der Jäger und Sammler der späten Steinzeit. Erste Nachweise von Tierhaltung und Keramikherstellung finden sich in Ostafrika um 8000 v. Chr. Diese Praktiken verbreiteten sich bis 500 v. Chr. auch im südlichen Afrika. Ab rund 200 n. Chr. bewirtschafteten Bauern mit Eisenwerkzeugen das Land und es entstanden bäuerliche Gemeinschaften.

Die Flüsse Limpopo und Save dienten im südlichen Afrika als frühe Handelswege. Über sie wurden Ebenholz und Gold aus dem Inland zu Handelsposten an der Küste transportiert. Im 11. Jahrhundert n. Chr. entstanden erste Städte in der Region. Sowohl das Reich Mapungubwe als auch das Königreich Groß-Simbabwe verdankten ihren Wohlstand dem Goldexport. Das Handelsnetz reichte bis Ostafrika, Arabien, Indien und sogar China. Der erfolgreiche Handel brachte eine reiche Kultur hervor.

Abseits der Handelszentren lebten die Menschen sippenweise in kleinen bäuerlichen Gemeinschaften. Mit der Ankunft portugiesischer Seeleute im 15. Jahrhundert begann der Einfluss Europas auf Südafrika.

## *Bildlegende*

*1:* Steinzeit-Faustkeil
*Alter: 700 000 – 1 000 000 Jahre*
Diese Faustkeile fand man in Kathu im Norden Südafrikas. Mit ihrer scharfen Spitze und den scharfen Kanten waren sie für über eine Million Jahre das wichtigste Werkzeug unserer Vorfahren. Die Kanten der aus Stein gehauenen Keile eigneten sich zum Bäume fällen und Fleisch zerteilen sowie zum Abschaben von Borke und Fell, während die Spitze als Bohrer genutzt wurde. Das Gehirnareal, das bei der Werkzeugherstellung genutzt wird, ist mit dem Sprachzentrum verbunden. Man geht daher davon aus, dass die Menschen bereits in der frühen Steinzeit ein gewisses Sprachvermögen besaßen.

*2:* Ockerstein aus der Blombos-Höhle
*Alter: ca. 70 000 Jahre*
Die gravierten Ockerstücke aus der Blombos-Höhle sind die frühesten bekannten Zeugnisse aufwendiger menschlicher Gestaltung. Die mit einer Steinspitze eingeritzten Gravuren zeigen, wie früh der Mensch schon kreativ tätig war. Neben diesen gravierten Steinen fand man in der Blombos-Höhle viele weitere Ockerstücke ohne Gravur, deren Form vermuten lässt, dass sie zur Gewinnung von Farbpigmenten genutzt wurden. Der eisenhaltige, weiche Stein könnte als Basis einer rötlichen Farbe für Höhlen- und Körpermalerei gedient haben. Das gestalterische Interesse der Höhlenbewohner wird außerdem durch Funde von Muschelperlen und Knochenwerkzeugen bestätigt.

*3:* Coldstream Stein
*Alter: unbekannt*
Diesen Stein mit seiner sehr gut erhaltenen Bemalung fand man bei einem menschlichen Skelett in einer Felsnische nahe der Südküste Südafrikas. Ungewöhnlich ist die vielfältige Farbigkeit der Malerei in Rot, Schwarz und Weiß. Die bedeutendsten Felsmaler im südlichen Afrika waren das Jäger- und Sammlervolk der San. Die Szene stellt möglicherweise einen San-Medizinmann dar, der sich in Trance tanzt. Die mittlere Person trägt über der Schulter einen Jagdbogen und Pfeile, in der Hand hält sie vermutlich Feder und Palette, die sie als Künstler ausweisen würden. Am häufigsten wurden Felsmalereien mit Darstellungen von Tieren und Menschen in Höhlen gefunden.

*1*

*2*

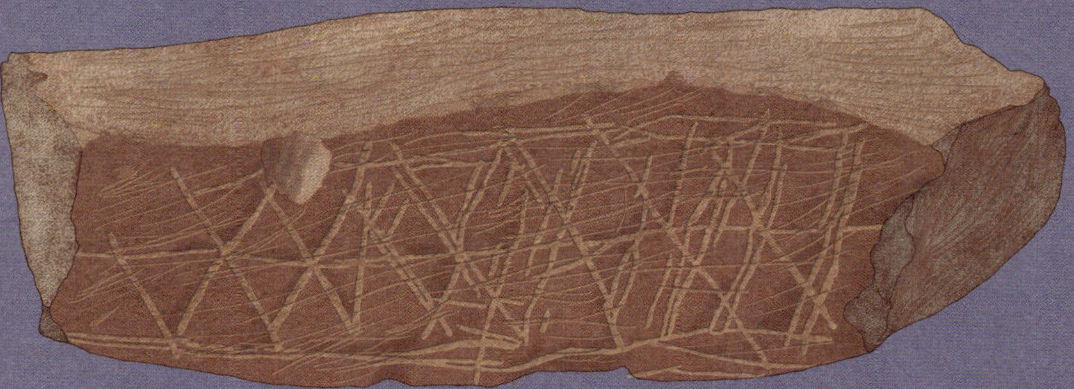

*3*

4

## Bildlegende

*4:* **Mapungubwe-Nashorn**
*1220 – 1290 n. Chr.*
Dieses mit Goldfolie überzogene Holznashorn wurde in einem königlichen Grab gefunden. Mapungubwe war einer der ersten südafrikanischen Staaten. Die Ausgrabungen legen nahe, dass eine herrschende Elite in einer separaten Siedlung auf einem Hügel lebte und erbringen den ersten Nachweis einer Klassengesellschaft in Südafrika. Als Grabbeigaben wurden Gegenstände aus Eisen, Gold, Kupfer und Ton gefunden, aber auch Glasperlen aus Indien, Ägypten und Arabien. Mapungubwe war also ein wohlhabendes Handelszentrum mit Verbindungen zu Kulturen über den indischen Ozean hinweg. Trockenheit und Missernten in der Folge von Klimaveränderungen führten im 13. Jahrhundert zum Niedergang der Eisenzeit-Kultur von Mapungubwe.

*5:* **Goldene Schale und Zepter**
*1220 – 1290 n. Chr.*
Auch diese Gegenstände aus Gold fand man in den Hügelgräbern von Mapungubwe. Natürliche Goldvorkommen in der Region trugen zum Wohlstand des größten Königreichs in Südafrika bei. Gold war ein wertvolles Handelsgut, wurde aber auch zu Schmuck für die örtliche Elite verarbeitet.

*6:* **Lydenburg-Kopf**
*ca. 500 n. Chr.*
Dies ist einer von sieben Tonköpfen, die in einer Grube nahe der Stadt Lydenburg im nordöstlichen Südafrika gefunden wurden. Sie stammen aus der frühen afrikanischen Eisenzeit und sind die ältesten bekannten südafrikanischen Skulpturen. Auf die hohlen Köpfe wurden mit Tonstreifen Details der Gesichter aufgebracht. Möglicherweise wurden die größeren Köpfe bei Zeremonien als Helmmasken getragen. Die Sorgfalt und Kunstfertigkeit, mit der sie hergestellt wurden, legt nahe, dass es sich um Wertgegenstände einer gut organisierten, niedergelassenen Gemeinschaft handelte.

*7:* **Specksteinfigur aus Groß-Simbabwe**
*ca. 15. Jh. n. Chr.*
Die alte Stadt Groß-Simbabwe war vom 11. bis zum 15. Jahrhundert das Zentrum des Reichs der Shona. Sein Wohlstand verdankte sich Rinderzucht, Gold- und Elfenbeinhandel. Noch heute sind ausgedehnte Ruinen der Stadt mit ihren hohen Maueranlagen zu sehen. Man fand dort acht rätselhafte Vogelfiguren aus Speckstein, die einst vermutlich Mauern und Säulen verzierten. Sie stellen wahrscheinlich den Gaukler dar – er galt den Shona als gutes Omen, Schutzgott und Bote der Götter. Die hier gezeigte Specksteinfigur ungeklärter Datierung ist deutlich kleiner, stammt aber wahrscheinlich ebenfalls aus Groß-Simbabwe.

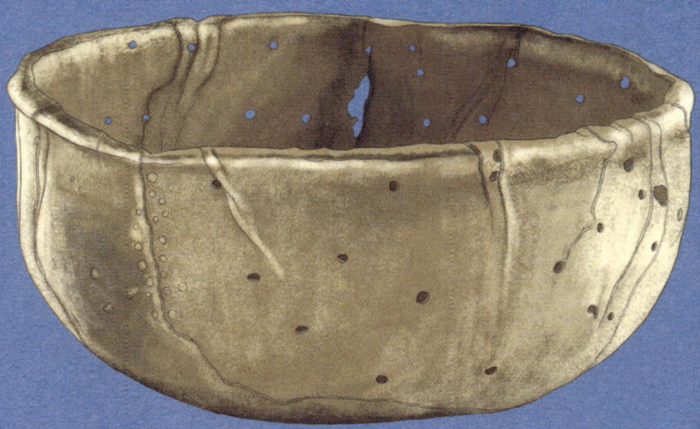

5

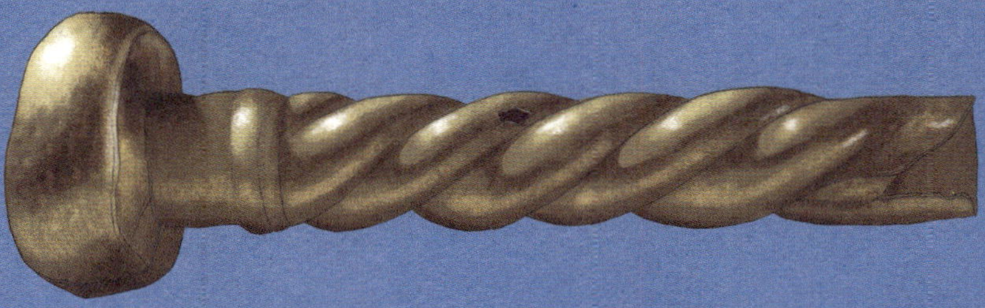

6

7

# Westliches Afrika

Die älteste bekannte eisenverarbeitende Zivilisation in Westafrika ist die Nok-Kultur (900 v. Chr. – 200 n. Chr.). Beeindruckende Terracotta-Statuen und Eisenschmelzöfen, die man in ihrer Nähe fand, zeugen von einer fortgeschrittenen, organisierten Gesellschaft.

Um 400 v. Chr. war die Eisenverarbeitung in Westafrika weit verbreitet. Dank eiserner Werkzeuge wuchsen und gediehen bäuerliche Gemeinschaften und einige von ihnen entwickelten sich zu großen Staaten. Das im westlichen Afrika seltene Kupfer wurde aus Nordafrika oder aus der Sahara importiert. Diese Kupferhandelswege begünstigten einen regen Austausch von Ideen.

Westafrika blickt auf eine reiche mündliche Überlieferungstradition zurück. Bis ins 19. Jahrhundert n. Chr. existierte keine einheimische Schriftkultur. Die ersten schriftlichen Berichte über die Region sind im 10. Jahrhundert n. Chr. entstandene muslimische Aufzeichnungen aus Nordafrika. Sie beschreiben große Städte mit Märkten, Handelsnetzen sowie ein Regierungssystem mit Königen an der Spitze.

Wichtige Zivilisationen im westlichen Afrika waren das Ife-Königreich, das Königreich Benin sowie das Mali-Reich. Sie entwickelten sich ab dem 11. Jahrhundert und erreichten den Höhepunkt ihrer Macht im 14. und 15. Jahrhundert. Ihre Blüte geht einher mit großen künstlerischen Leistungen, wie die Beispiele herausragender Messing-, Bronze-, Terracotta- und Elfenbeinkunstwerke demonstrieren.

### Bildlegende

*8:* **Reiterfigur aus Terracotta**
*13. – 15. Jh. n. Chr.*
Das Mali-Reich (11. – 16. Jahrhundert) verfügte über eine gut organisierte Armee aus Reitern eines Elite-Corps und vielen Fußsoldaten. Malis Reichtum verdankte sich Goldvorkommen und einem Überschuss an Getreide. Die Armee schützte die Grenzen und vor allem die wichtigen Handelswege. Die Reiterfigur ist eine von Hunderten von Tonfiguren des Mali-Reiches, die gefunden wurden. Allein die Tatsache, dass Mali eine Kavallerie besaß, bezeugt seine wirtschaftliche Stärke: Pferde sind in Afrika nicht heimisch und mussten also teuer eingekauft werden. Dazu kamen die Kosten für ihren Unterhalt und die Ausstattung mit Zaumzeug usw. Schwache Herrscher führten im 16. Jahrhundert den Verfall des Reiches herbei.

8

9

10

## Bildlegende

**9: Nok-Terracotta-Figur**
*6. Jh. v. Chr. – 6. Jh. n. Chr.*
Die abgebildete Skulptur entstammt der Nok-Kultur, die nach dem Fundort der ersten Terracotta-Figur dieser Art benannt ist. In einem Areal von Hunderten von Quadratkilometern wurden weitere Menschenköpfe, Tiere und Figuren aus Ton gefunden. Sie alle weisen bestimmte Stilmerkmale wie dreieckige Augen und kunstvollen Haarschmuck auf. Die hohlen Skulpturen sind aus Tonsträngen gefertigt. Bedeutung und Zweck sind unbekannt, doch ihre kunstvolle Fertigung lässt auf eine lange Tradition der Terracottakunst in diesem Gebiet schließen.

**10: Armreif aus Elfenbein**
*15. – 16. Jh. n. Chr.*
Der Herrscher des Edo-Königreiches Benin in Nigeria wird Oba genannt. Elfenbein steht für Langlebigkeit, Stärke, Reinheit und Reichtum des Oba. Die kunstvollsten Elfenbein-Schnitzereien waren ihm vorbehalten. Dieser Armring zeigt den Oba mit Schlammfischarmen und -beinen. Schlammfische können an Land und im Wasser überleben, daher symbolisiert ihre Verwendung die Vereinigung von weltlicher und spiritueller Macht im Oba. Der Familienstammbaum des heutigen Oba führt bis ins 14. Jahrhundert zurück.

**11: Messingplatte**
*16. Jh. n. Chr.*
Diese Platte ist eine von über 900 heute noch existierenden. Früher bedeckten sie die Wände des Königspalastes des Oba von Benin in der Stadt Benin im heutigen Süd-Nigeria. Sie würdigten den König durch Abbildung seiner Siege, die als kunstvoll ausgeführte Hochreliefs gearbeitet wurden. Diese spezielle Platte zeigt auch zwei Europäer: Die winzigen Figuren oberhalb des Oba stellen portugiesische Händler dar, die dem Oba das rare Messing, aus dem auch diese Platten gefertigt sind, gegen Pfeffer und Gold verkauften. Im 16. bis 18. Jahrhundert waren die Portugiesen neben Engländern und Franzosen maßgeblich am Sklavenhandel beteiligt, welcher der afrikanischen Westküste den Namen Sklavenküste einbrachte.

11

12

*12:* **Elfenbein-Maske**
*16. Jh. n. Chr.*
Diese Maske zeigt vermutlich Idia, die königliche Mutter von Oba Esigie (ca. 1504 – 1550). Der Oba von Benin führte eine Vielzahl von Ritualen zur Ehrung der Vorfahren durch, um seinem Volk Glück zu bringen. Wahrscheinlich trug er diese Maske bei Ritualen zu Ehren seiner Mutter – entweder um den Hals oder an der Hüfte. Die kleinen Figuren oben am Kopf stellen portugiesische Händler dar.

# Altes Ägypten

Die Oasen am Ufer des Nils in der nordöstlichen Wüste Afrikas waren die Wiege der Zivilisation des Alten Ägypten. Entlang des Nils als Handels- und Reiseroute konnte das überlebenswichtige Getreide angebaut werden.

Schon im 6. Jahrtausend v. Chr. begannen Bauern, das Niltal zu bepflanzen. Im 4. Jahrtausend erwuchsen aus kleinen bäuerlichen Siedlungen Ägyptens erste Städte. Rund 3000 v. Chr. war das Land erstmals unter einem Herrscher vereint. Pharaonen regierten es für die folgenden 3000 Jahre, die man in drei Phasen teilt: Das Alte Reich (2628 – 2181 v. Chr.), das Mittlere Reich (2055 – 1650 v. Chr.) und das Neue Reich (1550 – 1069 v. Chr.).

Die Kulturleistungen der Alten Ägypter haben in ihrer Kunst und ihren Bauwerken überlebt, vor allem in den Pyramiden, Tempeln und Felsengräbern. Die Ägypter beschäftigten sich intensiv mit dem Leben nach dem Tod. Die wohlhabende Oberschicht befolgte strenge Beerdigungsrituale in der Hoffnung auf ewiges Leben.

Die Alten Ägypter sahen den Pharao als Stellvertreter der Götter auf Erden an. Er regierte das Land mithilfe eines gut organisierten Regierungsapparates. Alle Bewohner zahlten Steuern, entweder in Naturalien oder in Arbeitsleistung.

Während des Neuen Reichs stieg Ägypten zum mächtigsten und reichsten Land der antiken Welt auf. Auch als seine Stärke schwand, hatten die kulturellen Errungenschaften Bestand, sogar unter der Fremdherrschaft von Griechen und Römern. Als das Römische Reich 392 n. Chr. christlich wurde und die Schließung der ägyptischen Tempel anordnete, endete die Ära des Alten Ägypten.

## Bildlegende

***13:*** **Sarg der Henutmehyt**
*ca. 1250 v. Chr.*
Das prächtige Grab der Priesterin Henutmehyt aus der altägyptischen Stadt Theben zeigt ihren Reichtum und Rang. Nur die Reichen wurden in Särgen und Grabkammern bestattet, die Armen begrub man im Sand. Henutmehyts Leichnam wurde zunächst mumifiziert: Für diesen langwierigen Prozess der Haltbarmachung wurden die inneren Organe entnommen, der Körper ausgetrocknet und in Bandagen gewickelt. Ihre Mumie wurde dann in einen vergoldeten inneren Sarg innerhalb dieses reich verzierten äußeren Sarges gelegt. Beide Särge stellten idealisierte Abbilder der Priesterin dar, um ihrer Seele im neuen Leben einen Körper zu geben, falls ihre Mumie zerstört würde.

***14:*** **Miniatur-Halskragen**
*332 – 222 v. Chr.*
Die Alten Ägypter legten großen Wert auf ihre äußere Erscheinung und trugen feinstes Leinen, aufwendige Frisuren und bunten Schmuck. Dieser Miniaturkragen aus Gold und Halbedelsteinen war wahrscheinlich ein Opfer für die Götter. Solche Opfer waren ein tägliches Ritual: Einfache Leute opferten an einem Hausschrein, Priester dreimal täglich im Tempel und der Pharao brachte als oberster Priester aller Tempel die wichtigsten Opfergaben dar.

***15:*** **Horusfalke**
*4. Jh. v. Chr.*
Diese Intarsie ist eine von mehreren, die in der Nähe der altägyptischen Stadt Hermopolis gefunden wurden. Vermutlich bildeten sie zusammen eine große Inschrift aller Namen eines Pharaos. Die Ägypter glaubten an die Macht des geschriebenen Wortes: Sie benutzten eine als Hieroglyphen bezeichnete Bildschrift – sie nannten sie „Worte der Götter" –, die oft kunstvoll in Stein gemeißelt wurde. Die Pharaonen wählten ihre bedeutungsträchtigen Namen sehr sorgfältig aus. Diese Hieroglyphe bedeutet Goldfalke. Der Falkengott Horus war eng mit den Pharaonen verbunden.

***16:*** **Schafsbock-Amulett**
*712 – 664 v. Chr.*
Dieses Amulett stammt aus der Zeit, als Ägypten rund 100 Jahre durch nubische Könige des Reichs von Kusch südlich von Ägypten beherrscht wurde. Kuschitische Pharaonen wurden oft mit Schafsbock-Amuletten wie diesem als Kopfschmuck dargestellt. Im Alten Ägypten symbolisierte der Bock Fruchtbarkeit und den Gott Amun, der während des Mittleren Reichs zum obersten Gott erhoben worden war. Amulette sollten Glück bringen und Unheil abweisen.

13

14

15

16

17

## *Bildlegende*

*17:* **Bemalte Kanopenkrüge aus Holz**
*ca. 700 v. Chr.*
Während der Mumifizierung wurden Darm, Magen, Lunge und Leber entnommen, präpariert und in speziellen Gefäßen – Kanopen – konserviert. Traditionell zeigten die Verschlüsse die vier Söhne des Gottes Horus mit dem Kopf eines Pavians, eines Schakals, eines Falken und eines Menschen. Später wurden die Eingeweide zurück in den Leichnam gelegt. Obwohl die Kanopen nicht mehr gebraucht wurden, blieben sie ein wichtiger Bestandteil des Begräbnisrituals.

*18:* **Holzmodell einer Bäckerei**
*ca. 1900 v. Chr.*
Brot war ein Grundnahrungsmittel im Alten Ägypten. Im fruchtbaren Boden entlang des Nils pflanzten Bauern Weizen an, der zu Mehl gemahlen und mit Wasser vermischt zu Brot gebacken wurde: in kleinen Mengen zu Hause, aber auch in großer Stückzahl zur Versorgung von Arbeitern. Modelle wie dieses waren häufige Grabbeigaben, da die weltlichen Tätigkeiten als ebenso wichtig für das Leben nach dem Tod galten.

*19:* **Bemaltes Holzmodell einer Harfe**
*1550 – 1069 v. Chr.*
Auch diese Grabbeigabe war für die Benutzung im nächsten Leben vorgesehen. Wandbilder zeigen Musik und Tanz als Bestandteil der ägyptischen Festkultur. Frauen und Männer musizierten. Im Vergleich mit anderen antiken Kulturen besaßen ägyptische Frauen mehr Freiheiten: Obwohl die Mehrheit den Haushalt führte und die Kinder großzog, gab es auch Frauen, die arbeiteten, Geschäfte betrieben und Land besaßen.

*20:* **Büste der Königin Nofretete**
*ca. 1340 v. Chr.*
Nofretete war die Frau des Pharaos Echnaton, der weitreichende Veränderungen einführte: Anstelle des bisher obersten Gottes Amun setzte er Aton, den Gott der Sonnenscheibe. Nofretete spielte eine aktive Rolle bei der Durchsetzung der religiösen Reformen. Ihr Name bedeutet „Die Schöne ist gekommen." Diese Büste beweist ihre zeitlose Schönheit. Gefunden wurde sie in einer Bildhauerwerkstatt in Armana, der von Echnaton neu gegründeten Hauptstadt. Vermutlich diente sie Künstlern als Vorlage für weitere Statuen und Reliefs.

*21:* **Seite aus dem Totenbuch des Schreibers Hunefer**
*ca. 1300 v. Chr.*
Die Szene ist Teil des Totenbuchs, das über die Grablegungszeremonie des Hofschreibers Hunefer Auskunft gibt. Totenbücher zeigten in reich illustrierten Anweisungen die Abläufe nach dem Tod des Verstorbenen für einen sicheren Übergang in das nächste Leben. Sie wurden für hochrangige Personen angefertigt und in ihre Gräber gelegt. Die Szene zeigt, wie Priester rituelle Handlungen am mumifizierten Leichnam durchführen, während Hunefers Frau und Tochter trauern. Gezeichnet wurde auf Papyrus, das erste papierartige Material der Welt. Hergestellt wurde es aus Streifen aus dem Mark der gleichnamigen Pflanze.

18

19

20

21

*22:* **Fragment eines Wandreliefs aus dem Grab des Djehutihotep**
*ca. 1850 v. Chr.*
Diese Figur ist die erste in einer Reihe von Frauen, die vermutlich die Schwestern des verstorbenen Regierungsfunktionärs darstellen. Dass die Schultern nach vorn zeigen, Gesicht und Füße hingegen seitwärts, ist typisch für altägyptische Reliefdarstellungen.

*23:* **Löwenamulett aus Gold**
*ca. 1650 – 1550 v. Chr.*
Amulette waren kleine, kostbare Objekte in symbolischer Form, die Kraft und Schutz bringen sollten. Tieramulette waren sehr beliebt. Der Löwe stand für Macht und Königtum. Mähne und Gesicht sind hier erstaunlich detailliert gestaltet, wenn man bedenkt, dass das Amulett nur 3,6 cm misst. Die Metallverarbeitung in Ägypten reicht bis ins 3. Jahrtausend v. Chr. zurück.

*24:* **Fayence-Vase in Form eines Enten reitenden Eros**
*ca. 300 – 250 v. Chr.*
Eros, der griechische Gott der Liebe, schmückt diese besondere Vase aus glasiertem Ton. Sie wurde vermutlich in Alexandria gefertigt, der Stadt, die Alexander der Große 332 v. Chr. zur Hauptstadt Ägyptens machte. Nach seinem Tod regierte die griechische Dynastie der Ptolemäer Ägypten für fast 300 Jahre. Der Hafen von Alexandria spielte eine wichtige Rolle bei der Vermittlung der griechischen Kultur und beherbergte eine der größten Bibliotheken der Antike.

*25:* **Vergoldete Mumienmaske**
*Spätes 1. Jh. v. Chr. – frühes 1. Jh. n. Chr.*
Mumienmasken wurden im Sarg über Gesicht und Schultern des mumifizierten Leichnams gelegt. Die Ägypter glaubten, dass der Geist des Verstorbenen das Grab verlassen und bei seiner Rückkehr mit Hilfe der Maske den richtigen Körper finden konnte. Dennoch zeigten die Masken keine individuellen Gesichter, sondern wurden im idealisierten Stil mit Standard-Proportionen für die menschliche Gestalt gefertigt. Die Vergoldung

22

23

24

25

dieser Maske verweist auf den Sonnengott Re und ist Ausdruck der Hoffnung, dass der Verstorbene mit Re vereinigt würde.

*26:* **Skarabäus der Hatnefer**
*ca. 1492 – 1473 v. Chr.*
Die Ägypter glaubten, dass ihre Herzen nach dem Tod vom Gott Anubis gewogen würden. Nur Verstorbenen mit leichtem, reinen Herzen würde die Passage in das nächste Leben gewährt. Herz-Skarabäen sollten dem Verstorbenen dafür Glück bringen. Der Skarabäus oder Pillendreherkäfer galt als starkes Symbol der Wiedergeburt und hatte darum großen Stellenwert in der Begräbniskunst. Die aus Dungkugeln schlüpfenden Käfer wurden mit dem Sonnengott Re und seinem Aufstieg zum Himmel in Verbindung gebracht. Diesen Herz-Skarabäus ziert eine Bittinschrift der Hatnefer.

*27:* **Fayence-Udjat-Auge**
*1069 – 945 v. Chr.*
Das Udjat-Auge, auch Horus-Auge genannt, war aufgrund seiner Symbolkraft für Heilung ein sehr beliebtes Amulett. Seinen Ursprung hat es in der Legende, dass die Göttin Hathor dem Falkengott Horus sein im Kampf verlorenes Auge ersetzte. Die häufig verwendeten Farben Grün und Blau stehen für Erneuerung und Erholung.

*28:* **Statue mit zwei Männern und einem Kind**
*1353 – 1326 v. Chr.*
Diese kleine Statue zeigt einen hochrangigen Mann neben einem jüngeren Mann und einem Jungen. Vermutlich war sie eine Art Hausheiligtum. Die Familie spielte eine bedeutende Rolle im Alten Ägypten und möglicherweise sind hier Großvater, Sohn und Enkel dargestellt.

26

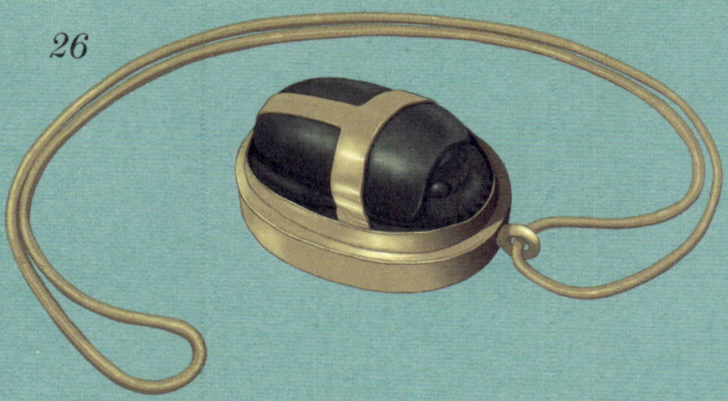

27

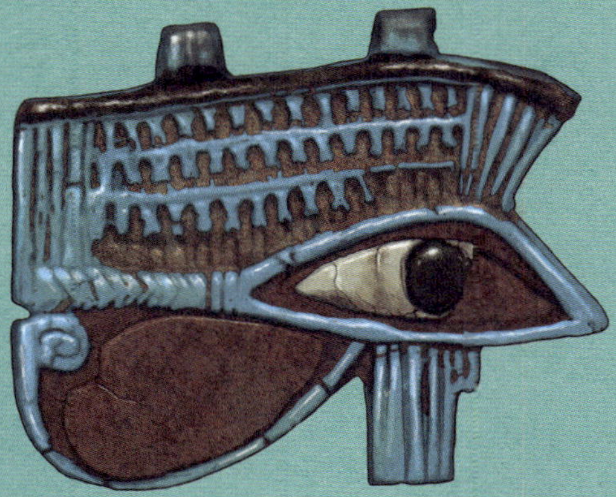

28

WELTKULTUREN

Saal 2

# Amerika

Die Olmeken

Die Maya

Die Azteken

Die Hopewell

Die Pueblo-Kultur

# Die Olmeken

Die Olmeken-Zivilisation blühte im südlichen Mexiko von rund 1200 bis 400 v. Chr. Als Maisbauern kultivierten die Olmeken Niederungen entlang der Küste und profitierten dabei vom jährlichen Flusshochwasser, das ihre Felder fruchtbar machte. Begünstigt durch die reichen Ernten entwickelten sich große Ansiedlungen wie San Lorenzo und La Venta und mit ihnen die ersten vielschichtigen Gesellschaften Mesoamerikas.

Obwohl man wenig über die Olmeken weiß, wird ihre Zivilisation als die Mutterkultur Mesoamerikas eingeschätzt. Unter den archäologischen Funden sind stufenförmige Tempelplattformen, rituelle Opfergaben, aufwendige Skulpturen und Zeugnisse einer Ballsportart, die sich über ganz Mesoamerika verbreitete. Ihren Namen erhielten die Olmeken von den Azteken, in deren Sprache Nahuatl „Olmeken" so viel bedeutet wie „Menschen, die in der Gummi herstellenden Region leben". Die Olmeken gewannen Kautschukmilch aus Gummibäumen und fertigten daraus Gegenstände.

Die archäologischen Funde zeichnen die Olmeken als ein spirituelles Volk, das göttliche Macht in der Natur wirken sah, beispielsweise in Quellen. Faszinierende Höhlenbilder von übernatürlichen Wesen sind bis heute ebenso erhalten wie Skulpturen aller Größen – von kleinen Statuetten bis zu massiven Altären und Köpfen. Die Olmeken nutzten Erde oder seltener Stein, um große religiöse Zentren in ihren Siedlungen zu errichten. Die erste mesoamerikanische Pyramide wurde in La Venta gebaut. Obwohl die Olmeken-Kultur um ca. 400 v. Chr. niederging, beeinflussten ihre Bräuche und bildnerischen Darstellungen nachhaltig sowohl die Maya als auch die Azteken.

## Bildlegende

*1:* **Sitzende weibliche Figur**
*900 – 500 v. Chr.*
Obwohl die menschliche Gestalt das am weitesten verbreitete Motiv der olmekischen Skulptur war, wurden nur wenige Frauenfiguren aus Stein gefunden. Diese kleine Jadefigur mit Rock (ca. 7,7 cm hoch) ist bemerkenswert detailfreudig gestaltet, wenn man bedenkt, wie schwer Jade zu schnitzen ist. Der begehrte Jade war sehr rar und musste aus über 600 km Entfernung importiert werden. Der grüne Jade dieser Figurine wurde mit Zinnober rötlich eingefärbt, um die Schnitzerei hervorzuheben. Sie wurde zusammen mit anderen wertvollen Gegenständen wie einem Spiegel aus poliertem Hämatit in einer Grabkammer in La Venta entdeckt. Ein kleiner Hämatit-Spiegel schmückt auch diese Figur. Spiegel wurden von den Olmeken als mächtige, symbolkräftige Gegenstände angesehen, genauso wie von den Maya und Azteken nach ihnen.

*2:* **Kolossalkopf Nr. 5**
*1200 – 900 v. Chr.*
Dies ist einer von 17 kolossalen Steinköpfen, die in Mexiko gefunden wurden, zehn von ihnen bei San Lorenzo. Sie sind in der Reihenfolge ihres Fundes nummeriert und zwischen 1,47 m und 3,40 m hoch. In der Grundgestaltung sind alle Köpfe ähnlich, doch ihre individuellen Gesichtszüge legen nahe, dass es sich um Porträts verschiedener realer Persönlichkeiten – vermutlich olmekische Herrscher – handelt. Sie alle tragen auffällige Kopfbedeckungen, die als Schutzhelme im Kampf oder bei einem zeremoniellen Ballspiel getragen worden sein könnten.

Die Steine für diese Köpfe mussten aus den Bergen über Distanzen von bis zu 80 Kilometern transportiert werden. Dafür band man sie wahrscheinlich auf Holzflöße und brachte sie über Flüsse an ihr Ziel. Man vermutet, dass der Stein zunächst als massiver Altar eines Herrschers genutzt und erst später zu seiner Skulptur umgearbeitet wurde, möglicherweise um einen Übergangsritus zu begehen oder an seinen Tod zu erinnern. Allein die Größe der Köpfe legt nahe, dass sie der Machtdemonstration dienten. Die immensen Anstrengungen, sie zu erstellen, konnte sich nur ein starker Herrscher mit einem großen Heer ihm verpflichteter Arbeitskräfte leisten.

1

2

4

3

5

6

# Die Maya

Die Maya-Zivilisation stieg ab etwa 250 n. Chr. zu einer bedeutenden Kultur auf. Ihr Volk war nicht in einem großen Reich vereint, sondern lebte in vielen Stadtstaat-Königreichen, die über das heutige Südmexiko, Guatemala, Nord-Belize, West-Honduras und El Salvador verstreut lagen. Was die Maya verband, war ein gemeinsamer Glaube sowie ähnliche Gesellschaftsstrukturen und ihr Kunst- und Architekturstil.

Erste Maya-Dörfer gab es ab ca. 650 v. Chr. Die Städte waren anfangs große Zeremoniezentren. Aufeinanderfolgende Herrscher bauten sie immer weiter aus: mit Tempeln aus Stein, Palästen, Pyramiden Ballspielanlagen und Plätzen. Das städtische Leben wurde getragen durch den Mais-, Kürbis- und Bohnenanbau auf den umgebenden Terassenfeldern.

Zentral im Leben der Maya war der Wunsch, den Göttern zu gefallen und sie durch Rituale und Zeremonien zu besänftigen. Sie waren überzeugt, dass die Götter regelmäßige Opfer – vor allem Menschenblut – verlangten. Priester studierten den Himmel, um das Göttliche besser verstehen zu können, und wurden so herausragende Mathematiker und Astrologen.

Vieles, was wir über die Maya wissen, haben uns die Hieroglyphen-Inschriften verraten, die in ihre Steinbauten graviert wurden. Ihre Städte sind heute vom Urwald überwucherte Ruinen. Von ihren Nachfahren leben noch immer rund 6 Millionen in der Region, in der ungefähr 70 Maya-Sprachen existieren.

## Bildlegende

**3: Gefäß mit einer Prozession von Kriegern**

*750 – 850 n. Chr.*

Die nackte Figur auf diesem Gefäß ist ein Gefangener, der zu seiner rituellen Opferung geführt wird. An der Spitze der Prozession sieht man einen Maya-Herrscher, erkennbar am Jaguarfell, einem Machtsymbol. Er trägt eine blutige Waffe und ein Opferinstrument zum Aderlass in seinem Kopfschmuck. Selbst die Könige vergossen ihr Blut, wenn es bestimmte Bitten an die Götter verlangten. Das Gemälde auf diesem Gefäß vermittelt eine Vorstellung von der farbenfrohen Bemalung, die auch die Wände der alten Maya-Städte schmückte.

**4: Räuchergefäß**

*4. Jh. n. Chr.*

Dieses Räuchergefäß aus Ton zeigt einen Maya-Herrscher mit einem aufwendigen Kopfschmuck im Schneidersitz. Der Kopfschmuck gehörte zu den königlichen Insignien, die ihn als Stellvertreter Gottes auf Erden auszeichneten. Man glaubte, der König könne mit den Göttern in Kontakt treten und würde nach seinem Tod in ihre Reihen aufgenommen. Mit dem Rauch aus Gefäßen wie diesem sollten Opfer zu den Göttern gelangen.

**5: Frontalstücke eines Ohrschmucks**

*3. – 6. Jh. n. Chr.*

Diese 5 cm großen Jade-Platten mit eingraviertem Pflanzenmuster wurden von einem Schaft gehalten, der durch ein großes Loch im Ohrläppchen gesteckt wurde. Abbildung 4 zeigt am Kopfschmuck des Königs, wie ein solcher Ohrschmuck getragen wurde.

**6: Totenmaske aus Jade**

*683 n. Chr.*

Diese Totenmaske aus Jademosaik wurde im Grab K'inich Janaab Pakal des Großen unter dem Tempel der Inschriften in der alten Stadt Palenque gefunden. Die Inschriften geben Auskunft über Pakals Dynastie und Regierungszeit. Danach hätte der König im Alter von 12 Jahren den Thron bestiegen und wäre 683 n. Chr. mit 80 Jahren gestorben. Untersuchungen seiner Knochen ergaben jedoch, dass er mit 45 bis 50 Jahren verstarb.

Unter Pakals Herrschaft stieg Palenque zu einer großen Maya-Stadt auf. Den Tempel der Inschriften ließ er als gewaltige Pyramide errichten, unter der er begraben werden würde. Die Pyramiden bildeten die umgebenden Berge ab, die als Residenz der Ahnen und Götter galten. Grüner Jade war den Mayas äußerst wertvoll, da er rar und schwer zu bearbeiten war. Die Totenmaske stattet Pakal für sein Leben nach dem Tod mit einem jugendlichen Gesicht aus, das an den Maya-Maisgott erinnert.

# Die Azteken

Die Azteken oder Mexica lebten seit dem 12. Jahrhundert n. Chr. in Zentral-Mexiko. Ihrem Gründungsmythos zufolge führte ihr oberster Gott Huitzilopochtli das umherziehende Volk zu einer Insel im Texcoco-See, wo die Azteken 1325 ihre Hauptstadt Tenochitlán gründeten. Eine sumpfige Landschaft scheint kein ideales Fundament für ein großes Reich zu sein, doch die Azteken bauten auf künstlichen schwimmenden Inseln Nahrung an und erweiterten ihr Machtgebiet durch Kriege und Bündnisse. Tenochitlán wuchs zu einer der größten Städte der damaligen Welt heran. Die Versorgung war durch ein effizientes Handels- und Abgabensystem gesichert.

Eine zentrale Rolle im aztekischen Leben nahm der Gottesdienst ein. Wie die Olmeken und Maya glaubten die Azteken an die Notwendigkeit von Blutopfern, um die Götter zu besänftigen und das Leben auf Erden zu erhalten. Es wurden zeremonielle Kriege geführt, deren einziger Zweck es war, Gefangene auf dem Dach der steilen Pyramiden zu opfern. Priester rissen den Gefangenen das Herz aus der Brust und ließen das Blut auf die Erde laufen, wo es Regen und Fruchtbarkeit heraufbeschwören sollte.

Die Azteken wurden von einem gewählten Kaiser geführt, der gleichzeitig als oberster Militär und oberster Priester fungierte. Er hatte göttlichen Status und wurde vom Volk angebetet, das glaubte, er könne direkt mit den Göttern kommunizieren. Jeder neue Herrscher bewies seine Macht durch Eroberungsfeldzüge zur Gebietsvergrößerung. Im frühen 16. Jahrhundert gehörten 489 Stadtstaaten zum Aztekenreich, das einen Großteil des heutigen Zentral- und Südmexiko umfasste.

Die kleine spanische Armee unter Hernán Cortés (1485 – 1547 n. Chr.), die 1519 landete, war äußerst erstaunt über Organisationsstruktur und Reichtum der Azteken und genauso entsetzt über die Kultur der Menschenopfer. Die mächtigen Azteken hatten keinerlei Erfahrung mit den Taktiken und Waffen der Spanier. Zwei Jahre später lag ihre Hauptstadt in Trümmern und ihr Reich wurde zur spanischen Kolonie.

7

**7: Mosaikmesser**
*15. – 16. Jh. n. Chr.*
Der hölzerne Griff des Zeremonialmessers ist in Form eines Kriegers geschnitzt und mit kleinen Stücken Türkis, Muschel und Malachit besetzt. Der Adlerkopfschmuck des Kriegers weist ihn als Angehörigen einer militärischen Elitetruppe aus. Im Kampf wurden vermutlich viel flachere Klingen benutzt. Messer mit solchen Verzierungen waren eher für Opfer-Zeremonien bestimmt.

Es gab zwei aztekische Elitetruppen: die Adler und die Jaguare. Diese Tiere wurden als mächtigste aller Lebewesen angesehen und Krieger mussten mindestens 20 tapfere Taten vollbracht haben, bevor sie in die Truppen aufgenommen wurden.

**8: Sonnenstein**
*1250 – 1521 n. Chr.*
Dieser kunstvoll gearbeitete Stein gehörte zu einer Tempelanlage in Tenochtitlán. Er ist auch als Kalenderstein bekannt, weil er die 20 aztekischen Tageszeichen enthält, die dem Ritualkalender zugrunde liegen. Die Azteken hatten in der Tradition der Olmeken zwei Kalender: Wie der Kalender der Maya umfasste ihr Ritualkalender 260 Tage. Der bürgerliche Kalender mit 365 Tagen, der sich an der Sonne orientierte, hielt Feste und landwirtschaftliche Anbau-Zeiten fest.

In der Mitte des Sonnensteins ist ein aztekischer Sonnengott zu sehen, umgeben von Repräsentanten der vier vergangenen Weltzeitalter. Die Azteken glaubten, dass sie im fünften und letzten Zeitalter lebten, das mit der Gründung Tenochtitláns begonnen hatte. Jedes Weltzeitalter wurde nach aztekischem Glauben von den Göttern geschaffen und wieder zerstört und hatte einen jeweils anderen Gott, der ihm als Sonne diente.

**9: Gefäß mit Tlaloc-Abbildung**
*15. Jh. n. Chr.*
Der Regengott Tlaloc war einer der wichtigsten Götter der Azteken: Er schickte Regen oder Hagel, Fluten oder Trockenheit, gewährte eine gute Ernte oder vernichtete die Feldfrüchte. Die Azteken glaubten, dass Tlaloc in vier riesigen Behältnissen an den Endpunkten aller vier Himmelsrichtungen Wasser aufbewahrte. Das Blau dieser Tlaloc-Darstellung steht für das Wasser, die Spitzen seines Kopfschmucks symbolisieren die Berge als wertvolle Wasserspeicher.

8

9

10



## Bildlegende

*10:* **Doppelköpfige Mosaik-Schlange**
*15. oder 16. Jh. n. Chr.*
Die Schlange hatte große Bedeutung für die Azteken. Viele ihrer Götter nahmen Schlangenform an, wie z. B. die gefiederte Schlange Quetzalcóatl, Schutzpatron der Priester und Symbol von Tod und Wiederauferstehung. Schlangen galten aufgrund ihrer Häutung als Zeichen für Erneuerung. Für diese Schlange wurden über 2000 kleine Türkisstückchen akribisch auf Holz arrangiert. Türkis wurde bei den Azteken noch höher geschätzt als Jade. Es wurde mit Wachstum, Wasser und den Federn des Quetzal-Vogels assoziiert, die bei Zeremonien von Priestern getragen wurden. Sowohl die Farbe Grün als auch die Schlange symbolisierten Fruchtbarkeit und diese stand im Zentrum der meisten Zeremonien.

Höchstwahrscheinlich wurde diese Schlange bei Menschenopfern von einem Priester oder dem Herrscher auf der Brust getragen. Die leuchtend türkise Schlangenhaut und das aufgerissene Maul aus roten und weißen Muscheln sollten den Betrachter gleichermaßen beeindrucken und erschrecken.

Die talentiertesten Hersteller von Türkismosaiken waren nicht die Azteken, sondern die Mixteken. Auf dem Höhepunkt ihrer Macht hatten die Azteken viele Mixteken-Städte unterworfen. Diese Schlange könnte eine wertvolle Tributzahlung der Mixteken gewesen sein und lässt die furchteinflößende Macht der Azteken erahnen.

# Die Hopewell

Die Hopewell-Kultur blühte zwischen 100 v. Chr. bis 500 n. Chr. – der mittleren Waldlandperiode – in der heute als Mittlerer Westen der USA bekannten Region. Der Begriff Hopewell bezeichnet eine Vielzahl von Völkern, die in der Nähe von Flüssen in Gemeinschaften von ein bis drei Haushalten in temporären Siedlungen als Jäger und Sammler lebten, aber auch Feldfrüchte anbauten. Die Siedlungen waren durch weitreichend verzweigte Handelsrouten verbunden, die auch als Kommunikationsnetz dienten und die Menschen für Zeremonien zusammenbrachten.

Bis heute sichtbar sind die großen Grabhügel und Erdaufschüttungen der Hopewell-Kultur: Der größte Hügel bei Newark in Ohio namens Octagon misst ewa 100 Fußballfelder. Bemerkenswert sind die exakte geometrische Form und Position der Hügel sowie die mathematische Genauigkeit, mit der sie vermessen und aufeinander ausgerichtet wurden. Die geraden und parallelen Linien der Erdaufschüttungen weisen einen Bezug zu den Positionen von Mond, Sonne und Sternen auf. Vermutlich wurde das Octagon als Observatorium des Mondzyklus genutzt.

In einigen der Hügel wurden kostbare Grabbeigaben gefunden, darunter Schmuckgegenstände aus Kupfer, Glimmerschiefer und Obsidian: Importe aus Hunderten Kilometer Entfernung. Auch Stein und Ton wurden aufwendig in Form gebracht.

Nach 400 n. Chr. begann der Niedergang der Hopewell-Kultur. Die Erfindung von Pfeil und Bogen und die damit verbundene größere Todesgefahr im Kampf könnte die Menschen veranlasst haben, sich zu größeren, sesshaften und damit wehrhafteren Gemeinschaften zusammenzuschließen. Als immer weniger Menschen die Handelspfade benutzten, brachen die Verbindungen zu den Hopewell-Traditionen ab.

## Bildlegende

**11: Hunde-Pfeife**
*100 – 200 n. Chr.*
Hunderte von Stein-Pfeifen, aufwendig als Tiere gestaltet, wurden in Hopewell-Hügeln gefunden. Die natürliche Pose des Hundes zeigt, dass sein Schöpfer ein kundiger Naturbeobachter war. Pfeifen stellten eine wichtige Verbindung zur spirituellen Welt dar. Schamanen (spirituelle Führer und Heiler) haben sie vermutlich geraucht, um sich für Heilungsrituale in Trance zu versetzen. Das Pfeifentier war dem Schamanen dabei zugewandt und sollte seinen Geist leiten oder Botschaften der Götter übermitteln. Entlang der Handelsrouten wurde mit Neuankömmlingen eine Pfeife geteilt, um friedliche Absichten zu demonstrieren.

**12: Schamanen-Statuette**
*100 v. Chr. – 400 n. Chr.*
Diese kleine Steinskulptur wurde im 19. Jahrhundert bei Arbeiten auf dem alten Friedhof der Newark-Erdhügel entdeckt und zeigt wahrscheinlich einen Schamanen. Er trägt ein Bärenfell und scheint mitten in der Verwandlung entweder in einen Bär oder zurück in einen Menschen zu sein. In seinem Schoß hält er einen menschlichen Kopf, möglicherweise im Rahmen einer Beerdigung oder einer Weissagung. Die Hopewell verehrten Bären wegen ihrer Wildheit und ihrer Fähigkeit, wie Menschen auf zwei Beinen zu gehen. Ihre Gabe, nach einem Winterschlaf wieder aufzuwachen, machte sie zu einem starken Symbol für die Wiedergeburt und deshalb als Grabbeigabe geeignet.

**13: Glimmer-Hand**
*100 v. Chr. – 400 n. Chr.*
Die Hopewell nutzten für ihre zeremoniellen Gegenstände das glänzende Mineral Glimmer. Seine Schichten lassen sich in dünne, zerbrechliche, fast durchsichtige Lagen aufspalten. Künstler schnitten diese Lagen in geometrische, aber auch tierische und menschliche Formen. Dickere Scheiben wurden von spirituellen Führern als Spiegel verwendet und größere Platten fand man in Grabhügeln. Glimmer wurde von den Appalachen aus über 480 km Entfernung eingeführt, möglicherweise im Zuge von Handelsverbindungen mit anderen Völkern der mittleren Waldlandperiode oder als Abgabe von Pilgern, die zu den großen Erdbauten anreisten.

Die Hand hat mit über 28 cm Höhe und 15 cm Breite ungefähr die doppelte Größe einer menschlichen Hand. Zwei Löcher legen nahe, dass sie an einem anderen Objekt befestigt war, möglicherweise zur Verwendung bei einer Zeremonie.

**14: Wurfgeschoss-Spitzen**
*200 v. Chr. – 500 n. Chr.*
Aus Feuerstein und anderen scharfkantigen Steinen hergestellt, könnten die dargestellten Spitzen als Messer oder Schaber benutzt worden sein. Die größte misst 5,1 cm. An den unverwechselbaren Formen können Archäologen unterschiedliche Hopewell-Ansiedlungen erkennen und deren Einwohnerzahl abschätzen.

11
12
13
14

# Die Pueblo-Kultur

Über 75 000 Amerikaner, die heute in Süd-West-Amerika leben, haben Pueblo-Vorfahren. Diese lebten im Gebiet des Colorado-Plateaus und machten sich die bergigen Hochebenen, Klippenwände und Schluchten beim Siedlungsbau zunutze.

Der Name „Pueblo" bedeutet „Dorfbewohner". Er wurde von den spanischen Entdeckern des 16. Jahrhunderts aufgegriffen, um sesshafte, bäuerliche Gemeinschaften von nomadischen Nachbarvölkern zu unterscheiden. Es gab niemals einen einzigen Pueblo-Stamm, und obwohl viele Gemeinschaften Glauben und Gebräuche teilten, existieren fünf verschiedene Pueblo-Sprachen. Die Nomaden hatten ihre eigene – heute noch gebräuchliche – Bezeichnung für die Pueblo-Indianer: Anasazi, was in der Navajo-Sprache „die alten Feinde" bedeutet.

Die Pueblo-Indianer waren nicht immer sesshaft. In einem frühen Stadium ihrer Geschichte, die als Basketmaker-Periode (100 – 750 n. Chr.) bekannt ist, waren sie Jäger und Sammler und flochten Körbe, um ihren Besitz und ihre Vorräte zu transportieren. Mit zunehmender Sesshaftigkeit und Ausbau des Ackerbaus lösten Behältnisse aus Ton die Körbe ab.

Frühe Pueblo-Behausungen waren Höhlen oder flache Grubenhäuser. Später (800 – 1300 n. Chr.) wurden Wohneinheiten und Vorratsräume in Stein gebaut und hinzugefügt, vergleichbar mit modernen Apartmentblocks. Es gab große Gebäude mit bis zu fünf Stockwerken und 800 Räumen, darunter große Gemeinschaftsräume, die man Kiva nannte.

Mit Muschelperlen von der Küste, Kupferglocken aus Westmexiko und Türkisen aus Pueblo-Minen pflegten die Pueblo den Handel mit anderen Kulturen. Eine verheerende Dürre im späten 13. Jahrhundert und wachsende Konflikte mit Nomaden-Stämmen veranlasste die Pueblo-Völker nach Süden und Osten zu ziehen. Im 17. Jahrhundert trugen spanische Eroberer Krankheiten und weitere Konflikte in die Region und die Dörfer verarmten weiter. Heute existieren mehr als 40 Pueblo-Dörfer, in denen die traditionelle Kultur mit ihrer Kunst und ihrem Handwerk lebendig bleibt.

## Bildlegende

***15:* Zylindrisches Gefäß**
*900 – 1130 n. Chr.*
Die alten Pueblo-Töpfer benutzten die gleiche Wickel- und-Schabe-Technik, die heute noch ihre Nachfahren verwenden. Von einer flachen Basis aus werden Tonwülste aufeinandergeschichtet, abgeschabt und geformt. Nach dem Glätten wird ein wässriger Tonguss aufgetragen, bevor die Gefäße bemalt und im Feuer vorsichtig gebrannt werden.

***16:* Mörser mit textilem Muster**
*900 – 1100 n. Chr.*
Dieser Steinmörser wurde in Pueblo Bonito entdeckt. Er wurde wahrscheinlich zusammen mit einem Stößel genutzt, um Farbpigmente für die Herstellung von Farbe zu zermahlen. Bemalt ist der Mörser mit einem treppenförmigen Muster, das typisch für Pueblo-Weberei und -Textilien ist und seinen Ursprung vermutlich in der Korbflechterei hat, wo gerade Linien und rechte Winkel einfacher zu erzeugen sind als Bögen. Die Bedeutung der einzelnen Muster ist nicht bekannt, vermutlich waren einige von ihnen Erkennungszeichen für einzelne Klans.

***17:* Krug**
*12. – 18. Jh. n. Chr.*
Traditionell liegt die Pueblo-Töpferei in weiblicher Hand. Einige Pueblo-Gesellschaften waren matriarchalisch organisiert, was bedeutet, dass Besitz, Ackerland und Klanzugehörigkeit von den Müttern vererbt wurden. Auch das Wissen über die Tonverarbeitung wurde von Mutter zu Tochter weitergegeben. Jede Pueblo-Siedlung hielt ihre Tonlagerstätte geheim, um Plünderungen zu vermeiden. Solche Tongefäße wie der abgebildete Krug mit seinem faszinierenden Muster waren Alltagsgegenstände. Erst seit dem späten 19. Jahrhundert wurden Tonwaren für Touristen und Sammler hergestellt. Auch heute noch sind die meisten Töpfer Frauen. Sie sprechen vom Ton in weiblicher Form und bezeichnen ihn als Großmutter Ton oder Mutter Erde.

15

16

17

WELTKULTUREN

Saal 3

# Asien

Altes Indien
Altes China
Altes Japan
Altes Korea

# Altes Indien

Der indische Subkontinent war die Geburtsstätte einiger der ältesten und einflussreichsten Kulturen der Welt. Namensgebend für Indien ist der Fluss Indus, der das heutige Pakistan durchfließt. Entlang seiner Ufer entwickelte sich zwischen 3300 und 1300 v. Chr. die erste große der alten indischen Kulturen. Geschützt zwischen Bergen im Norden, Wald im Osten und Meer in Süden und Westen entstand die sogenannte Indus-Zivilisation mit den Städten Mohenjo Daro und Harappa.

Im zweiten Jahrtausend v. Chr. zerfiel die Indus-Zivilisation und wurde von der Vedischen Kultur abgelöst, die nach ihren religiösen Schriften namens Veden benannt ist. Die in altem Sanskrit verfassten Veden enthalten Hymnen, die während Ritualen zur Verehrung zahlreicher Gottheiten rezitiert wurden.

Der moderne Hinduismus ist tief verwurzelt in der vedischen Religion: Viele Rituale und Gottheiten gehen darauf zurück. Buddhismus und Jainismus hingegen entwickelten sich aus der Ablehnung der strengen vedischen Hierarchie und Opferpraxis. Der Buddhismus wurde im 5. Jahrhundert v. Chr. durch den Lehrer Siddhartha Gautama ins Leben gerufen, der als Buddha verehrt wird, was „Erleuchteter" bedeutet. Sein Zeitgenosse, Mahavira („Großer Held") gründete den Jainismus. Im ersten Jahrhundert n. Chr. kam Indien in Kontakt mit dem Christentum, der Islam hielt im 8. Jahrhundert n. Chr. über arabische Händler Einzug.

Die verschiedenen altindischen Glaubensrichtungen prägten stark die Kunst, ob in Tanz, Skulptur, Malerei, Epik oder Architektur. Als 1193 n. Chr. afghanische Heere erfolgreich in Indien einfielen und eine Epoche islamischer Besetzung einleiteten, begann eine neue kulturgeschichtliche Periode.

## Bildlegende

***1:* Ganesha-Statue**
*11. Jh. n. Chr.*
Der elefantenköpfige Ganesha ist eine der vielen hinduistischen Gottheiten. Er ist der Sohn des Gottes Shiva und seiner Gattin Parvati. Im Zentrum des Hinduismus steht der Glaube an eine göttliche Einheit, eine übergeordnete Wahrheit, die Brahman genannt wird. Alle Götter und Gottheiten sind Aspekte Brahmans. Ein Priester namens Vyasa soll der Gottheit Ganesha über zweieinhalb Jahre hinweg einen epischen Text diktiert haben: die zentrale hinduistische Schrift *Mahabharata*.

Die ältesten indischen Statuen von Gottheiten sind vedisch und buddhistisch, wie die ersten geschnitzten Buddha-Figuren. Sie werden auf das zweite und erste Jahrhundert v. Chr. datiert. Diese frühen Statuen lehnen sich stark an die griechische Tradition an. Alexander der Große eroberte Indien circa 327 v. Chr. und aus den griechischen Siedlungen wurde später ein griechisch-indisches Reich im Norden des Subkontinents.

Die hinduistische und buddhistische Kunst weisen in ihrer stilisierten Art viele Parallelen auf. Statuen mussten einem vorgegebenen Stil entsprechen, der für die Verehrung geeignet ist. Klare Vorschriften bestimmten die Ausführung der Kunstwerke, so dass sich kaum ein individueller künstlerischer Stil entwickeln konnte.

Ausgehend von der Überzeugung, dass die Realität eine menschliche Illusion ist, die die göttliche Wahrheit maskiert, dienen hinduistische Statuen als Gefäß für das Göttliche. Während einer Zeremonie rufen Priester den Geist der Gottheit an, damit er in die Statue eintritt und den Gläubigen einen flüchtigen Blick auf das Göttliche gewährt.

1

***2:*** **Tanzendes Mädchen – Indus-Kultur**
*ca. 2500 v. Chr.*
Die nur 10,5 cm hohe Statue ist ein bemerkenswertes Zeugnis der Indus-Kultur. Sie zeigt, dass die Künstler damals den Bronzeguss beherrschten und außerdem in der Lage waren, eine natürliche Pose einzufangen. Die Wahl einer Tänzerin als Motiv spricht für ein Interesse an den darstellenden Künsten. Schriftliche Zeugnisse der Indus-Kultur gibt es nicht, aber die Archäologen fanden Hinweise auf eine organisierte Gesellschaft mit kommunalen Getreidespeichern, einem angelegten Straßennetz, Hochwasserschutz, Metall, Elfenbein und Holz verarbeitendem Kunsthandwerk sowie Handelsverbindungen zu Mesopotamien und Ägypten. Die Indus-Zivilisation blühte 600 Jahre lang und ging möglicherweise durch eine Invasion oder einen Anstieg des Meeresspiegels unter, der den Handel zerstörte.

***3:*** **Speckstein-Siegel**
*2600 – 1900 v. Chr.*
Diese rechteckigen Siegel wurden durch Einritzen in weichen Speckstein hergestellt, der durch Brennen gehärtet und aufgehellt wurde. Auch wenn der Sinn der Zeichen bisher nicht entschlüsselt wurde, sind sie der früheste Beweis von Schrift in Indien. Tausende solcher Siegel wurden in Mohenjo Daro und Harappa sowie entlang der Indus-Handelswege gefunden. Die Indus-Zivilisation war die erste, die Baumwollgewebe herstellen konnte, und es gibt Anzeichen dafür, dass Handelsware vor dem Transport in Baumwollstoff eingehüllt und mit den Siegeln verschlossen und gekennzeichnet wurde.

***4:*** **Terracottafigur einer Muttergottheit**
*3. Jh. v. Chr.*
Die breithüftige Frauenfigur zeigt die lange Tradition der Verehrung der Mutter-Gottheit. Sie war möglicherweise Gegenstand eines Fruchtbarkeitsrituals. Kunstgegenstände aus gebranntem Ton waren auf dem Höhepunkt der Indus-Kultur zwischen 2600 und 2000 v. Chr. weit verbreitet, ebenso wie während des Maurya-Reiches von 325 bis 185 v. Chr. Die Bedeutung der Mutter-Gottheit setzte sich in späteren Jahrhunderten darin fort, dass die Frauen der Hauptgötter alle als Aspekte einer großen Muttergottheit betrachtet wurden. Die Statue

*2*

*3*

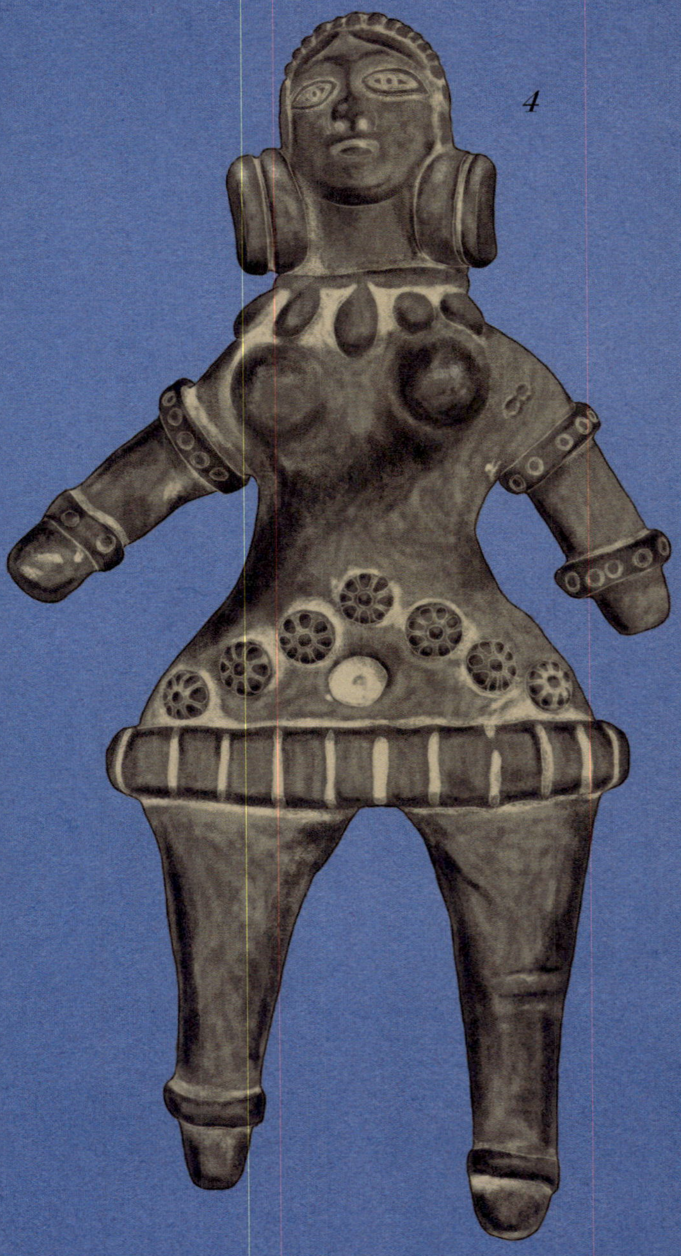
*4*

liefert mit der Blumenverzierung des Kleides auch den Nachweis für eine hoch entwickelte Textilproduktion.

### *5:* Säule des Ashoka

*ca. 238 v. Chr.*

Dieses Stück Stein ist ein Fragment einer der vielen Säulen, die während des Maurya-Reiches vom Herrscher Ashoka dem Großen errichtet wurden. Eingraviert ist eine Botschaft, die Ashokas wohlwollende Haltung gegenüber allen Völkern und Religionen verkündet. Am Anfang seiner Regierung war Ashoka ein rücksichtsloser Militär, der allein nach der Vergrößerung seines Reichs strebte, bis ein blutiger Überfall ihn zum Umdenken brachte. Getrieben von Reue wandte sich Ashoka dem buddhistischen Glauben und dem Konzept des Dharma zu: der Idee von Pflichterfüllung, Frömmigkeit und Selbstlosigkeit. Er wollte seinen Sinneswandel allen Menschen im Reich verkünden, damit sie sich wieder sicher fühlten. In einer Zeit, in der Massenkommunikation praktisch unmöglich war, stellte Ashoka Steinsäulen auf, die in neun Metern Höhe seine Botschaft für alle verständlich in lokalem Dialekt transportierten.

### *6:* Goldene Ohrringe

*1. Jh. v. Chr.*

Diese kunstvoll gefertigten Ohrringe sind so schwer und lang (bis zu 7,6 cm), dass sie die Ohrläppchen bis zu den Schultern herabziehen würden. Die Qualität der Goldschmiedearbeit und die Verwendung königlicher Embleme in Gestalt von Elefant und geflügeltem Löwen weisen sie vermutlich als königliche Auftragsarbeiten aus. Schmuck wurde in Indien seit Jahrtausenden getragen. Er zeugte von Ansehen und Wohlstand. Sowohl männliche als auch weibliche Gottheiten wurden mit Ohrringen, Armreifen und Ketten dargestellt.

### *7:* Buddha-Kopf

*5. Jh. n. Chr.*

Dieser Kopf war Teil einer sitzenden Buddha-Statue. Er wurde während des Gupta-Reichs, das von 320 n. Chr. bis ins frühe 6. Jahrhundert währte, aus Sandstein gearbeitet und zeigt Buddha in tiefer Meditation. Entgegen ihrer früheren Spaltung entwickelten sich Buddhismus und Hinduismus Seite an Seite. Einige Hindus verehrten Buddha als Inkarnation ihres Gottes Vishnu und einige Buddhisten huldigten Hindu-Gottheiten. Die Gupta-Periode gilt als das goldene Zeitalter der indischen Geschichte – eine Zeit der Blüte für Künste und Wissenschaften. Herrscher förderten die Bildung und es wurde sogar ein universitätsähnliches buddhistisches Kloster gegründet.

5

7

6

# Altes China

Von allen großen Zivilisationen blickt China auf die längste ununterbrochene Geschichte zurück. Seine Jungsteinzeit kann bis 10 000 v. Chr. zurückverfolgt werden, als sich bäuerliche Siedlungen entlang des Gelben Flusses und des Jangtsekiang bildeten. Die Ursprünge von Chinas berühmter Jadeschnitz- und Keramikkunst liegen in dieser Zeit.

Seit ungefähr 2100 v. Chr. wurde China durch Aufstieg und Fall zahlreicher Dynastien geprägt. Wenig wissen wir über die Xia-Dynastie, aber die nachfolgenden Shang- und Zhou-Dynastien (1600 – 1046 v. Chr. und 1045 – 256 v. Chr.) prägten China im Bronzezeitalter. Bronzeartefakte verweisen auf eine organisierte und kenntnisreiche Gesellschaft.

Die Dynastien unterschieden sich in der Dauer ihrer Herrschaft und ihrer territorialen Ausdehnung. Die herrschenden Familien waren ständig von innen durch Rebellion sowie Machtansprüche nachfolgender Herrscher und Angriffe von außen bedroht. Um ihre Bedeutung zu unterstreichen, umgaben sie sich mit prunkvollen Gegenständen, die oft auch als Grabbeigaben dienten.

Im 6. und 5. Jahrhundert v. Chr. verkündete der Weise Konfuzius ein System moralischer, sozialer und politischer Vorstellungen, das als Konfuzianismus Verbreitung erlangte. Im zweiten und ersten Jahrhundert v. Chr. nahm die Philosophie des Daoismus Form an, obgleich ihre Ursprünge weitaus älter sind. Aus Indien kam im ersten Jahrhundert v. Chr. der Buddhismus nach China.

Die meisten äußeren Einflüsse erreichten China über das Handelsnetz der Seidenstraße, das China mit Zentralasien und Afrika verband. Der Handelsweg wurde nach Chinas hochgeschätztem Exportartikel Seide benannt. Die Seidenherstellung ist wie das Schießpulver, der Steigbügel, das Papier und der Druck eine chinesische Erfindung.

*8*

## Bildlegende

*8:* **Goldene Gürtelschnalle**

*2. Jh. v. Chr.*

Diese Schnalle ist eines von 2000 Objekten, die in einem Grab in Shizishan im westlichen China gefunden wurden. Der bestattete Chu-König regierte während der Westlichen Han-Dynastie.

Gräber sind für das alte China die wichtigste archäologische Quelle. Bedeutende Männer (seltener Frauen) wurden mit reichen Schätzen begraben, die sie ins Leben nach dem Tod begleiten sollten. Diese kunstvolle Arbeit zeigt einen Bär und einen Tiger beim Angriff auf ein Pferd.

Die Herrscher der Westlichen Han-Dynastie formten als erste ein Reich, das sich über ganz China erstreckte. Unter ihrer Herrschaft blühten Kultur und Künste. Grabfunde von Hausmodellen und Gemälden belegen eine eindrucksvolle Architektur, die sich auch in den gewölbten Dächern der Gräber zeigt.

*9:* **Wein-Fläschchen**

*ca. 3. Jh. v. Chr.*

Dieses Bronzefläschchen mit verschlungener Silber-Einlegearbeit stammt aus der Spätzeit der Östlichen Zhou-Dynastie, die als „Zeit der streitenden Reiche" (475 – 221 v. Chr.) bekannt ist. Trotz der zahlreichen Kämpfe war es eine Periode technischer und intellektueller Entwicklung. Die Handwerkskunst, die sich in diesem Stück zeigt, ist bemerkenswert. Während des Gießverfahrens wurde das komplizierte geometrische Muster akkurat in die Tonform eingeritzt und dann mit Silber gefüllt.

Bronzegegenstände wurden höher bewertet als solche aus Gold und Silber. Aber mit der hier gezeigten Einlagetechnik fanden die Edelmetalle Eingang ins Metallkunsthandwerk der Zeit. Objekte wie dieses könnten als großzügige Geschenke, Mitgift oder Grabbeilage gedient haben.

*10:* **Vergoldete Bronzestatue des Maitreya-Buddha**

*486 n. Chr.*

Der Buddhismus erreichte China ungefähr im ersten Jahrhundert n. Chr. während der Han-Dynastie. Seine Lebensregeln und Meditationstechniken waren vielen Chinesen durch die Ähnlichkeit zu denen des Daoismus vertraut. Je mehr buddhistische Schriften für chinesische Leser übersetzt wurden, umso schneller verbreitete er sich. Vom 4. bis zum 6. Jahrhundert n. Chr. etablierten ihn viele Dynastien als Staatsreligion. Obwohl sich der Stil der Statue des Maitreya-Buddha („lehrender Buddha zukünftiger Zeiten") von indischen Vorlagen herleitet, zeigt der Faltenwurf des Gewands den typischen chinesischen Stil des späten 5. Jahrhunderts n. Chr. Das ungewöhnliche Muster stammt aus Kucha, einem wichtigen Zentrum der Seidenstraße.

9

10

11

12

13

## *Bildlegende*

*11:* **Steingut-Schüssel**
*3200 – 2700 v. Chr.*
Töpferwaren werden in China seit über 17 000 Jahren hergestellt. Diese Schüssel stammt aus der späten Jungsteinzeit aus der Yangshao-Kultur entlang des Gelben Flusses. Sie wurde aus übereinandergeschichteten Tonsträngen gefertigt und mithilfe von Schabern geglättet. Fließende schwarze Linien auf dem ausgestrichenen Ton sind typisch für diese Periode. Verzierte Gefäße dienten wahrscheinlich eher als Grabbeigaben als für den täglichen Gebrauch.

*12:* **Viereckiger Kessel**
*1300 – 1046 v. Chr.*
Dieser Ritualkessel ist aufgrund seiner Größe und seines Alters etwas ganz Besonderes. Mit 133 cm Höhe und 875 kg Gewicht ist er einer der größten jemals ausgegrabenen Bronzegegenstände. Für die Herstellung eines solchen Gefäßes ist enorm viel Zeit, Anstrengung und Arbeitskraft nötig. Umso bemerkenswerter ist es, dass der Kessel im Grab einer Frau gefunden wurde: Fu Hao, eine der Gemahlinnen des Shang-Königs Wu Ding. Frauen wurden im alten China für gewöhnlich nicht mit demselben Respekt wie Männer behandelt, Fu Hao aber bildete als Kriegerin, Politikerin und erste bekannte weibliche Heerführerin eine Ausnahme.

*13:* **Drachen-Anhänger**
*5. – 4. Jh. v. Chr.*
Grüner Jade galt im Alten China als wertvollstes Material und seine Bedeutung setzt sich in der Kultur des modernen Chinas fort. In seiner Transparenz und extremen Härte symbolisierte er den Chinesen Reinheit und Unzerstörbarkeit. Spezialisierte Handwerker verarbeiteten ihn zu Ornamenten, Zeremonialwaffen und rituellen Objekten. Bedeutende Männer trugen häufig Jadeanhänger an Perlenschnüren an Schultern oder Bauch. Der Drache genoss hohes Ansehen im Alten China. Ursprünglich war er eine Regengottheit. Die Kaiser nutzten ihn später als Herrschaftssymbol.

*14:* **Messergeld aus Bronze**
*7 n. Chr.*
Eine als Messergeld bekannte Währung kam zuerst im 4. Jahrhundert

14

15

16

v. Chr. auf. Sie fußt auf den Messern der Fischer und Jäger in Nord- und Ostchina. Im 3. Jahrhundert v. Chr. hatten runde Münzen mit einem quadratischen Loch das Messergeld ersetzt. Diese späte Münze aus der Wang-Mang-Periode verbindet beide Formen. Wang Mang war eine mächtige Führerfigur der späten Westlichen Han-Dynastie, der von 9 – 23 n. Chr. Kaiser war. Er gab 21 Münzsorten heraus.

*15:* **Bronzeglocke**
*Frühes 5. Jh. v. Chr.*
Musikalische Harmonie war von großer Bedeutung für den Weisen Konfuzius. Beim chinesischen Hofzeremoniell gibt es eine lange Tradition von Trommeln und Glocken in Ritualen. Glocken wie diese wurden um die Wende des 1. Jahrhunderts v. Chr. aus dem Süden nach Nordchina ins Zhou-Reich importiert. Ihr neuartiger melodischer Klang beeinflusste Rhythmus und Phrasierung von Zhou-Lyrik und -Schreibstil. Sie wurden in Gruppen mit ansteigender Größe und Klangfarbe aufgehängt und mit einem Hammer bespielt. Große, verzierte Glocken wie diese mit einer Höhe von 38,5 cm zu gießen, war schwierig und kostspielig.

*16:* **Goldener Dolchgriff**
*6. – 5. Jh. v. Chr.*
Dieser aufwendige Griff wurde mithilfe chinesischer Bronzeguss-Technik in eine Form gegossen. Für die Benutzung im Kampf war er nicht geeignet, wahrscheinlich diente er der Repräsentation oder als Grabbeigabe. Waffen und Krieg waren allgegenwärtig im Alten China. Die Regierenden benötigten riesige Armeen von Infanteristen und bestens organisierte Logistik zum Erhalt ihrer Herrschaft über weit entfernte Gebiete. Dieser Dolchgriff stammt aus einer besonders gewalttätigen Periode während der Zhou-Dynastie, die als Zeit der Frühlings- und Herbstannalen (770 – 476 v. Chr.) bezeichnet wird. Der hohe Bedarf an Waffen brachte die Techniken der Eisen- und Stahlverarbeitung voran, die ihren friedlichen Einsatz in anderen Gesellschaftsbereichen fanden, beispielsweise für Pflüge im Ackerbau.

# Altes Japan

Die japanische Inselgruppe erstreckt sich im Westen in Richtung Korea und im Norden nach China. Die jungsteinzeitliche Phase Japans (10 000 bis 300 v. Chr.) wird nach Tonwarenfunden Jōmon-Zeit genannt. Die Jōmon-Menschen waren Jäger und Sammler und lebten in tiefliegenden Behausungen um einen zentralen Platz. Große Muschelhügel – altertümliche Müllhaufen – zeigen, dass ihre Nahrung aus dem Meer stammte.

In der Yayoi-Zeit vom dritten Jahrhundert v. Chr. bis zum dritten Jahrhundert n. Chr. intensivierte sich der Kontakt zum asiatischen Festland und bewirkte eine Weiterentwicklung des Lebensstils. Im Zuge der Einführung des Reisanbaus aus Korea und China entstanden kleine bäuerliche Siedlungen. Als neben anderen Technologien auch die Metallverarbeitung Japan erreichte, entwickelte sich eine stärker gegliederte Gesellschaft. Regionale Führer kämpften um die Ausweitung ihrer Territorien und ihrer Macht.

Grabhügel sind das bezeichnende Merkmal der Kofun-Zeit (ca. 300 – 710 n. Chr.). „Kofun" bedeutet „alter Hügel" und verweist auf die Praxis, bedeutende Persönlichkeiten in schlüssellochförmigen Grabbauten zu bestatten. Während der Kofun-Zeit bauten Klanführer aus der Yamato-Region ihre Vorherrschaft aus und stiegen zur Kaiserdynastie auf. Bis zur späten Kofun-Zeit, als mit dem Buddhismus das chinesische Schriftsystem eingeführt wurde, gibt es keine schriftlichen Zeugnisse. Mit dem Buddhismus hielt der Bau von Tempeln Einzug, die die Grabhügel der Kofun-Zeit ablösten und eine neue kulturelle Ära einläuteten.

## Bildlegende

*17:* **Tönerne Flasche**
*ca. 1500 – 1000 v. Chr.*
Die Ursprünge japanischer Töpferei reichen bis in die Jōmon-Zeit, ca. 10 000 v. Chr. zurück, womit sie zu den ältesten der Welt zählt. Jōmon verweist in seiner Bedeutung auf die Schnurmuster, mit denen die Tonwaren dekoriert sind. Töpfe, Schüsseln und Flaschen wurden aus Tonsträngen gefertigt, verziert und in Lagerfeuern gebrannt. Diese Flasche stammt aus dem nördlichen Honshu der späten Jōmon-Zeit. Sie ist vergleichsweise klein und einfach gestaltet, doch ihre dünnen Wände belegen eine deutliche Verbesserung der Töpfertechnik im Vergleich zur frühen und mittleren Jōmon-Periode. Ihre abstrakte Verzierung ist ur-japanisch und typisch für die nördliche Region. Zur selben Zeit zeigt die Töpferei im Süden und Westen erstmals koreanische Einflüsse.

*18:* **Kofun-Grabfigur**
*6. Jh. n. Chr.*
Diese unglasierte, hohle Terracottafigur war vermutlich eine unter Hunderten von Grabwächter-Skulpturen zwischen 30 cm und 150 cm Höhe, genannt Haniwa, die in und um einen Grabhügel aufgestellt wurden. Sowohl die Größe des Grabhügels als auch die Anzahl der Haniwa spiegelten Macht und Rang des Verstorbenen. Ein kaiserliches Grab konnte sich über mehrere hundert Meter erstrecken und tausende Haniwa aufweisen. Man vermutet, dass Figuren wie diese sitzende Frau für die Bedienung des Verstorbenen nach dem Tod zuständig waren. Die Frauenfigur ist 68,5 cm hoch und zeigt detailliert die Aufmachung der Frauen jener Zeit: ein Wickelgewand, Schmuck um Hals, Hand- und Fußgelenke und mit Kämmen aufwendig gestaltete Frisuren.

*19:* **Bronze-Buddha**
*8. Jh. n. Chr.*
Zu den vielen Einflüssen, die Japan vom asiatischen Festland erreichten, gehörten auch der Buddhismus und die buddhistische Kunst. Diese Buddha-Statue zeigt den Yakushi-Buddha, den „heilenden" Buddha. Seine linke Hand hielt wahrscheinlich ein Gefäß mit Medizin, während die Geste seiner rechten „Hab keine Angst" signalisiert. Die Ähnlichkeit dieser Statue mit den Buddha-Statuen der Tang-Dynastie vom chinesischen Festland verweist auf starke Einflüsse durch die chinesische Kultur. Als Buddhismus und Konfuzianismus im 6. Jahrhundert n. Chr. in Japan Einzug hielten, trafen sie auf alte japanische religiöse Vorstellungen und Bräuche namens Shinto. Die Alten Japaner beteten viele Gottheiten an und sahen göttliche Kraft in der Natur und in den Taten großer Menschen wirken. Ihre Religion hatte weder Gründer noch religiöse Schriften und ursprünglich auch keinen Namen, bis er zur Abgrenzung vom Buddhismus notwendig wurde. Die leitenden Glaubensinhalte des Shinto durchdringen – parallel zu Buddhismus, Daoismus und Konfuzianismus – noch heute die japanische Kultur. Für die japanische Kunst ist der Buddhismus bis ins 10. Jahrhundert n. Chr. der dominanteste Einfluss.

17

18

19

# Altes Korea

Silla war eines von drei alten Königreichen auf der koreanischen Halbinsel. Im Jahr 57 v. Chr. gegründet, wuchsen sein Wohlstand und seine Macht, bis es schließlich 668 n. Chr. die Kontrolle über die anderen beiden großen Königreiche Goguryeo und Baekje gewann. Das vereinigte Silla-Reich währte von 668 bis 935 n. Chr. Seine Hauptstadt Gyeongju, die „goldene Stadt", war eine der größten Städte der alten Welt.

Es gibt viele Parallelen zwischen dem Silla- und dem Kofun-Reich in Japan, insbesondere die Tradition, große Grabhügel zu errichten und mit Schätzen zu versehen. Gemalte Szenen in Silla-Grabhügeln verraten, dass die Reichen ein Leben mit Jagden, Festen und höfischer Unterhaltung wie Musik und Tanz genossen. Grabbeigaben zeigen beeindruckende Kunstfertigkeit im Keramik-, Bronze- und vor allem im Goldhandwerk. Sie beweisen den Kontakt zu fremden Kulturen wie zu den reitenden Nomadenstämmen Zentralasiens. Man fand sogar Gegenstände aus so großer Entfernung wie dem Mittelmeerraum.

Den größten Einfluss von außen übte China aus, das von 108 v. Chr. bis 313 n. Chr. eine Kolonie im Norden des koreanischen Reiches hatte. Das Alltagsleben wurde besonders von dem seit 372 n. Chr. eingeführten Buddhismus beeinflusst. Das Silla-Reich nahm im 6. Jahrhundert n. Chr. den Buddhismus offiziell als Religion an und die Silla-Herrscher wurden großzügige Förderer buddhistischer Kunst.

## Bildlegende

*20:* **Goldkrone**

*5. Jh. n. Chr.*

Diese Krone stammt aus dem Nordhügel des großen Doppelgrabes von Hwangnam Daechong. Vermutlich liegen ein König unter dem Süd- und eine Königin unter dem Nordhügel begraben. Silla-Gräber wurden oberirdisch aus Holz errichtet, mit Lehm versiegelt und mit einem Hügel aus Stein und Erde bedeckt. Es war kaum möglich, sie zu öffnen, so dass ihre Schätze bis zu vergleichsweise jungen Ausgrabungen geschützt waren. Die prächtigsten Gräber entstanden im 5. und 6. Jahrhundert n. Chr., bevor der Buddhismus den Brauch wertvoller Grabbeigaben beendete. In den Prunkgräbern wurden Schmuck, Tonwaren und Metallgefäße sowie Gold- und Silberinsignien gefunden. Die Gestaltung dieser Goldkrone mit Jadeschnitz-Elementen verweist auf den Kontakt zu Nomaden Zentralasiens und Chinesen.

*21:* **Hausförmige Urne**

*8. Jh. n. Chr.*

Mit der Annahme des Buddhistischen Glaubens ersetzte die Einäscherung die Errichtung großer Hügelgräber. Die Gestaltung der Urnen für die Asche der Verstorbenen gibt Einblick in das Leben der Zeit. Diese Urne ist eine Miniatur eines Silla-Hauses des 8. Jahrhunderts, inklusive des gedeckten Daches. In das hohle Miniaturhaus mit Tür und Angel wurde ein Gefäß mit der Asche des Verstorbenen gestellt. Die Verwendung eines ortstypischen Hauses gibt der Hoffnung nach einer bequemen Existenz im nächsten Leben Ausdruck.

*22:* **Eiserne Pferde-Rüstung**

*5. Jh. n. Chr.*

Mit dieser Rüstung wurde der Pferdekopf im Kampf geschützt. Sie ist Ausdruck der militärischen Stärke, die benötigt wurde, um das wohlhabende Reich zu schützen. Von Grabmalereien wissen wir, dass Kämpfer und Pferde gerüstet in die Schlacht zogen. Eisenrüstungen kamen in Korea erstmals im 4. Jahrhundert n. Chr. auf, als sich die Konflikte zwischen den drei Reichen zuspitzten. Nur Mächtige und Reiche konnten sich die Anfertigung solcher Rüstungen leisten.

*23:* **Vergoldete Bodhisattva-Statue**

*Spätes 6. – frühes 7. Jh. n. Chr.*

Ein Bodhisattva war ursprünglich eine Darstellung Buddhas aus einem seiner vorherigen Leben, bevor er Erleuchtung erlangte. Später wurde es zur Bezeichnung für jeden auf dem Weg zur Erleuchtung. Vor diesem Hintergrund waren die Bodhisattvas bei der Einführung des Buddhismus in Korea und Japan sehr beliebt, da sie als zugängliche Buddha-Figuren angesehen wurden. Der hier dargestellte Buddha sitzt in einer stilisierten Denkerpose. Die Statue ist stark durch chinesische buddhistische Kunst geprägt, die wiederum indischen Einflüssen unterlag. Wie sehr der Buddhismus das Silla-Reich veränderte, zeigt die Tatsache, dass Gold nun für religiöse Zwecke verwendet wurde statt für persönlichen Schmuck und Grabbeigaben.

20

21

22

23

WELTKULTUREN

*Saal 4*

# Europa

*Die Kelten*
*Altes Griechenland*
*Altes Rom*
*Die Wikinger*

# Die Kelten

Vor über 2000 Jahren wurde Europa nördlich des Mittelmeers von verschiedenen eisenzeitlichen Volksstämmen und Ethnien beherrscht, darunter Gallier, Bretonen und Gälen. Diese Völker werden oft unter dem Sammelbegriff „Kelten" gefasst. Vor allem bekannt als furchtlose Krieger, waren sie ebenso Bauern, Händler, Bergleute und Kunsthandwerker. Ihre Gesetze, Mythen und religiösen Vorstellungen wurden mündlich von Druiden und Barden überliefert. Vieles über die Kelten wissen wir durch griechische und römische Berichte und die reich verzierten Gegenstände, die sie hinterlassen haben.

Keltische Kunst und Religion waren geprägt von der Natur. Die Kunst griff natürliche Muster auf und stilisierte sie zu abstrakten, verschlungenen Linien. Nach einer Fundregion in der Schweiz wird dieser Stil als La-Tène-Kunst bezeichnet. Zwischen 500 v. Chr. und 100 n. Chr. verbreitete er sich über Handelswege von Irland bis Rumänien.

Vom 4. bis zum 1. Jahrhundert v. Chr. gerieten die Kelten in direkte Konflikte mit Griechen und Römern. Waren sie zunächst oft siegreich, begann ihr Stern angesichts der wachsenden Macht des römischen Heeres und der expandierenden Germanenstämme zu sinken. Der keltische Kunststil erlebte eine letzte Blüte im christlichen Irland und Britannien des 7. und 8. Jahrhundert n. Chr. Durch die schrittweise Christianisierung blieben keltische Kulturelemente auch im neuen Glauben erhalten.

## Bildlegende

**1: Battersea-Schild**
*350 – 50 v. Chr.*
Viele keltische Kulturen setzten ihre Kunstfertigkeit für Waffen ein. Kriegsführung war ein wichtiger Bestandteil des keltischen Lebens und Krieger wurden hoch geschätzt. Dieser polierte Bronzeschild mit roten Emailleverzierungen ist zu kurz, um für den Kampf bestimmt gewesen zu sein. Sein Fund im Fluss Themse in Battersea, London, lässt vermuten, dass er dort als Votivgabe hinterlassen wurde.

**2: Prunkhelm von Agris**
*ca. 350 v. Chr.*
Prunkhelme sind Symbole der keltischen Kriegskultur. Dieser Helm ist der frühen La-Tène-Zeit zuzuordnen und weist starken mediterranen Einfluss auf. Sein Fund in einer Höhle lässt darauf schließen, dass er eine Gabe an die Götter der Unterwelt war. Die Kelten glaubten, dass die Grenzen zwischen realer und übernatürlicher Welt an manchen Orten schwächer waren und sowohl die Lebenden als auch die Toten sie durchbrechen konnten. Wertvolle Gaben wie diese zeigen, wie die Kelten ihre Götter verehrten und fürchteten.

**3: Großer Torque von Snettisham**
*75 v. Chr.*
Ein Torque oder Wendelring ist ein schwerer Gold- oder Silberreif, der in manchen keltischen Kulturen um den Hals getragen wurde. Keltische Götter wurden mit ihm abgebildet. Von keltischen Kriegern wird berichtet, sie seien nackt, nur mit ihren Waffen und Torques, in den Kampf gezogen. Auch die berühmte Heerführerin Boudicca soll einen getragen haben. Neben der Zurschaustellung von Reichtum und Status dienten die Torques wohl ebenso als Amulette. Der hier gezeigte gehört zu einem unglaublichen Schatz, der in einem Feld im englischen Snettisham verborgen lag: Die 64 Gold- und Silberfundstücke übertreffen in ihrer Handwerkskunst die Metallverarbeitung aller anderen Zivilisationen jener Zeit.

**4: Kessel von Gundestrup**
*1. Jh. v. Chr.*
Dieser Silberkessel wurde in einem Moor in Dänemark gefunden, wo er vermutlich als Votivgabe an die Götter sorgsam in seine einzelnen Platten zerlegt deponiert worden war. Seine Bildsprache kombiniert keltische Motive mit unüblichen Göttern und Tieren, die eher typisch für die Thraker – Zeitgenossen der Kelten aus Südosteuropa – waren. Der Kessel lässt sich als Geschenk an einen keltischen Fürsten, als Kriegsbeute oder als gemeinsame Arbeit zweier Stämme deuten.

**5: Seite aus dem Book of Lindisfarne**
*ca. 700 n. Chr.*
Lindisfarne war ein Kloster an der nordöstlichen Küste Englands, 634 n. Chr. von irischen Mönchen gegründet. Die irischen Kelten, die Gälen, nahmen Aspekte der keltischen Kultur in ihre christliche Religionsausübung auf. Im Evangeliar aus Lindisfarne finden sich erstaunliche Beispiele dieser Verbindung. Der illuminierte Text ist das Werk eines einzelnen Künstlers, möglicherweise eines Bischofs oder Abts. Die keltischen Götter spielen keine Rolle, aber jedes Evangelium beginnt mit prächtigen Schmuckseiten, auf denen die wirbelnden keltischen Symbole der Metallarbeiten mit mediterranen oder angelsächsischen Elementen kombiniert sind.

1

2

3

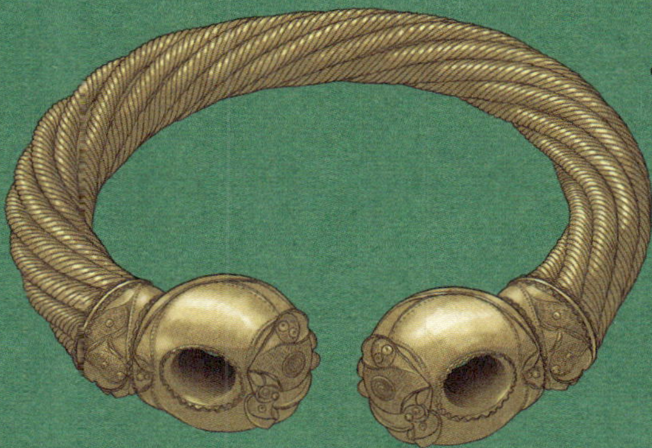

5

4

# Altes Griechenland

Das Alte Griechenland bestand aus mehreren Hundert selbstverwalteten Stadtstaaten an den Küsten des Festlands und auf den Inseln. Diese begannen sich um 800 v. Chr. zu entwickeln und hatten je eigene Herrscher, Armeen und Münzen. Vom Meer umgeben, wurden die Griechen zu fähigen Seefahrern und Händlern. Sie trugen ihre Kultur zu fremden Küsten und brachten von dort neue Einflüsse mit, beispielsweise aus Ägypten und dem Nahen Osten.

Die Griechen verehrten unzählige Götter und Göttinnen für alle Aspekte des Alltagslebens. Die Ausrichtung auf das Diesseits war stärker als die auf das Jenseits, dennoch spielten Bestattungsriten eine wichtige Rolle. Sie ehrten die Götter durch den Beweis körperlicher Leistung bei sportlichen Wettkämpen, durch große Prozessionen und Opfer in den Tempeln. Im Gegenzug hofften sie, die Götter würden ihnen Glück und Gesundheit schenken.

Die Griechen entwickelten ihr eigenes Alphabet, gefolgt von einer Blütezeit der Dichtkunst, Skulptur, Malerei und Philosophie. 338 v. Chr. fiel der Makedonenkönig Philip II. ein, und Griechenland wurde erstmals von einem einzelnen Regenten beherrscht. Sein Sohn Alexander der Große unternahm viele erfolgreiche Feldzüge. Er erschloss Handelsrouten in den Osten, trug die griechische Kultur bis nach Indien und Ägypten und brachte neue Reichtümer und Einflüsse mit. Nach seinem Tod zerfiel Griechenland erneut und im 2. Jahrhundert v. Chr. schwand seine Macht. 146 v. Chr. marschierten die Römer ein und Griechenland wurde Teil des Römischen Reiches.

6

7

*6:* **Laufendes Mädchen**
*ca. 520 – 500 v. Chr.*
Diese nur 11,4 cm hohe Bronzefigur stammt vermutlich aus Sparta, das berühmt war für seine Bronzekunst, Krieger und Sportler. Weibliche Athleten wurden in der griechischen Kunst selten abgebildet, aber die Spartaner ermutigten auch Mädchen, sich zu ertüchtigen und an Wettkämpfen teilzunehmen. Das älteste und bekannteste Sportereignis waren die Olympischen Spiele, die alle vier Jahre stattfanden. Die spartanische Königstochter Kyniska gewann im 4. Jahrhundert v. Chr. mehrere Wagenrennen.

*7:* **Marmorne Tempelsäule**
*Frühes 3. Jh. v. Chr.*
Diese ionische Säule – geriffelt und mit Rollenverzierung (Voluten) – gehört zum Artemis-Tempel in Sardes. Hier sind nur der obere Teil namens Kapitell und die Basis der 18 m hohen Säule abgebildet, die Teil eines majestätischen Gebäudes war. Jede griechische Stadt hatte mindestens einen Tempel zu Ehren der Götter und Göttinnen.

*8:* **Goldglas-Alabastron**
*1. Jh. v. Chr.*
Duftende Essenzen waren ein wichtiges Erzeugnis in der Antike. Kleine Gefäße wie dieses wurden als Behältnis für parfümierte Öle hergestellt, die bei Bestattungen, Gottesdiensten sowie für medizinische Zwecke und zum persönlichen Gebrauch als Statussymbol benutzt wurden.

*9:* **Goldene Ziegenkopf-Ohrringe**
*200 – 100 v. Chr.*
Der Brauch, Goldschmuck zu tragen nahm stark zu, nachdem Alexander der Große 331 v. Chr. das Persische Reich eroberte und die Griechen Zugriff auf große Mengen Gold bekamen. Tierkopfohrringe, speziell mit Ziegenköpfen, waren sehr beliebt. Die prachtvollen Schmuckstücke zeigten zugleich die Kunstfertigkeit ihres Schöpfers und den Reichtum ihres Trägers. Die Augen sind hier aus Granat gefertigt, vermutlich aus Indien.

*10:* **Dinos-Becken**
*7. Jh. v. Chr.*
Viele herrliche Tonarbeiten aus Griechenland sind erhalten geblieben. Die helle Hintergrundfarbe ist typisch für die Gegend von Korinth. Das Gefäß wurde kunstvoll mit Ziegen, Panthern, Löwen und Sphinxen bemalt. In Dinos-Becken wurden Wasser und Wein vermischt. Der griechische Gott für die Weinherstellung hieß Dionysus.

8

9

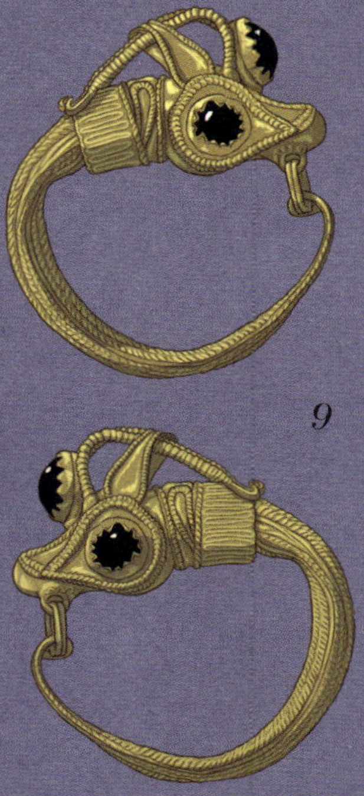

10

*11*

*12*

13

14

## *Bildlegende*

*11:* **Sterbender Kämpfer**
*ca. 480 v. Chr.*
Diese Skulptur gehört zu einer ganzen Gruppe, die den Krieg zwischen Griechen und Trojanern darstellt. Die Skulpturen schmückten früher das östliche Pediment, den Schmuckgiebel über den Säulenreihen, des Aphaia-Tempels in Ägina. Hier gezeigt ist ein verwundeter Kämpfer, der versucht, sich wieder aufzurichten. Körper und Gesicht drücken seine Gefühle aus. Frühere griechische Skulpturen waren starrer mit nach vorn gerichtetem Blick. Diese Statue hingegen ist dem Anfang der klassischen Periode zuzuordnen, mit ihrem Naturalismus und dem Fokus auf den menschlichen Körper.

*12:* **Fragment vom Parthenon**
*ca. 438 – 432 v. Chr.*
Der Parthenon ist das bekannteste antike Gebäude der Akropolis in Athen. Dieses Fragment gehört zu einem 160 m langen Fries, der an der Außenseite des Baus entlanglief. Zu sehen ist die Prozession zu Ehren der Göttin Athene, die jährlich in Athen stattfand. Hier im Bild ist eine Kuh, die als Opfertier zum Tempel geführt wird. Blutopfer waren ein Kern der religiösen Rituale. Athene, die Göttin des Krieges, auf ihrer Seite zu haben, war den Stadtstaaten ein großes Anliegen, da sie in ständigen Fehden miteinander lagen.

*13:* **Schwarzfigurige Amphore**
*ca. 530 – 520 v. Chr.*
Die Griechen verehrten neben den Göttern auch Helden. Viele sind bekannt aus Homers großen Epen *Ilias* und *Odyssee*, die zwischen 750 und 650 v. Chr. entstanden. Die Epen stellten eine unerschöpfliche Quelle für die griechische Kunst dar. Die Szene auf diesem Weinbehälter zeigt, wie der Held Achilles die Amazonen-Königin Penthesilea tötet. Die Amphore wurde in Athen von einem Töpfer namens Exekias gefertigt, der sie wahrscheinlich ebenfalls bemalt hat. Diese im frühen 6. Jahrhundert v. Chr. vorherrschende Technik nennt man schwarzfigurige Vasenmalerei.

*14:* **Rotfiguriger Psykter**
*ca. 520 – 510 v. Chr.*
Gegen 530 v. Chr. kam mit der rotfigurigen Vasenmalerei ein neuer Stil beim Bemalen von Tonarbeiten auf. Die Künstler bemalten nicht mehr den Tonhintergrund mit schwarzen Motiven, sondern umgekehrt: Der Hintergrund wurde schwarz gestaltet, die Figuren ausgespart und mit einigen Pinselstrichen nachbearbeitet. Dieses Gefäß zur Weinkühlung zeigt Sportler und ihre Trainer – in der Mitte der Speerwerfer Batrachos – im Gymnasion. Die Athleten traten bei Wettkämpfen üblicherweise nackt gegeneinander an.

# Altes Rom

Der Legende zufolge wurde Rom 753 v. Chr. durch Romulus gegründet, der gemeinsam mit seinem Bruder Remus als Kind ausgesetzt und von einer Wölfin aufgezogen wurde. Archäologen konnten erste Besiedlungen für das neunte Jahrhundert v. Chr. nachweisen. Im Jahr 246 v. Chr. beherrschte Rom bereits die ganze italienische Halbinsel und auf dem Höhepunkt seiner Ausbreitung 117 n. Chr. erstreckte sich das Römische Reich im Norden bis Großbritannien und im Süden bis Ägypten.

Die große Ausdehnung verdankte das Reich in erster Linie seinem bestens organisierten und effizienten Heer. Berufssoldaten konnten nach 25 und mehr Dienstjahren mit einer Pension und Landschenkungen rechnen.

Insgesamt war die römische Kultur – in Bildhauerei, Malerei, Literatur, Religion und Wissenschaft – stark von der griechischen beeinflusst. Roms Ingenieure aber erzielten die wahrscheinlich größten Errungenschaften ihrer Zeit: Sie errichteten riesige Gebäude, ein verzweigtes Straßennetz und Wasserstraßen, wie sie die Welt noch nie gesehen hatte. Solche Bauten ebenso wie das öffentliche Leben Roms und seine landwirtschaftliche Versorgung wurden durch die Versklavung unzähliger Menschen ermöglicht.

Religion spielte eine wichtige Rolle. Überall im Römischen Reich waren Tempel den verschiedensten Göttern geweiht. Erst 380 n. Chr. wurde das Christentum Staatsreligion. Im 5. und 6. Jahrhundert n. Chr. verlor Rom die Kontrolle über die westlichen Provinzen und die Stadt Rom wurde von germanischen Volksstämmen eingenommen. Der östliche Teil des Römischen Reichs bestand noch 1000 Jahre, bis seine Hauptstadt Konstantinopel 1453 n. Chr. erobert wurde.

## Bildlegende

***15:* Augustus von Primaporta**
*1. Jh. v. Chr.*
Diese Statue wurde 1863 im römischen Stadtteil Primaporta gefunden. Augustus – oder Octavian, wie sein ursprünglicher Name lautete – war der erste Kaiser Roms.

Bis zum Jahr 44 v. Chr., als Octavians Großonkel Julius Cäsar zum Alleinherrscher von Rom aufstieg, wurde Rom von einem Senat regiert, bestehend aus den mächtigen Bürgern. Als Kaiser bezeichnete sich Cäsar nie, aber er wurde zum Diktator auf Lebenszeit ernannt. Eine Gruppe von Senatoren, die damit nicht einverstanden war, ließ ihn noch im selben Jahr ermorden. Von 43 bis 33 v. Chr. regierten drei Männer, das sogenannte zweite Triumvirat aus Marcus Antonius, Octavian und Marcus Aemilius Lepidus. Doch dieses Gefüge mündete in einen Bürgerkrieg, aus dem Octavian 27 v. Chr. siegreich als Alleinherrscher hervorging.

Um den kaiserlichen Herrschaftsanspruch auch im äußersten Winkel des großen Reiches zu demonstrieren, sollte sein Bildnis überall präsent sein. Zu diesem Zweck wurden allerorten Augustus-Statuen errichtet und sein Kopf zierte Münzen.

Alle Augustus-Darstellungen zeigen ihn als jungen Mann. Ewige Jugend war in griechischer Tradition ein Ideal, und tatsächlich weist die Augustus-Statue von Primaporta die klassischen Proportionen der griechischen Athleten-Darstellungen auf.

Die Statue zeigt Augustus mit verziertem Brustpanzer als starken militärischen Führer. Möglicherweise sollte die kleine Amor-Figur zu seinen Füßen die Betrachter daran erinnern, dass Augustus ein Halbgott war. Er behauptete, von der Göttin Venus, Amors Mutter, abzustammen.

Nach seinem Tod im Jahr 14 n. Chr. erklärte der Senat Augustus zum Gott und seine Statuen wurden weiterhin benutzt, um kaiserliche Macht zu symbolisieren. Die gezeigte Statue stammt aus dieser Zeit und wurde vermutlich von seinem Adoptivsohn und Nachfolger Kaiser Tiberius in Auftrag gegeben.

Seither ließen alle Herrscher Roms Bildnisse von sich anfertigen, um ihre Macht zu demonstrieren. Nach der 3 Meter hohen kolossalen Bronzestatue des Kaisers Nero (37 – 68 n. Chr.) wurde das berühmte römische Kolosseum benannt.

16

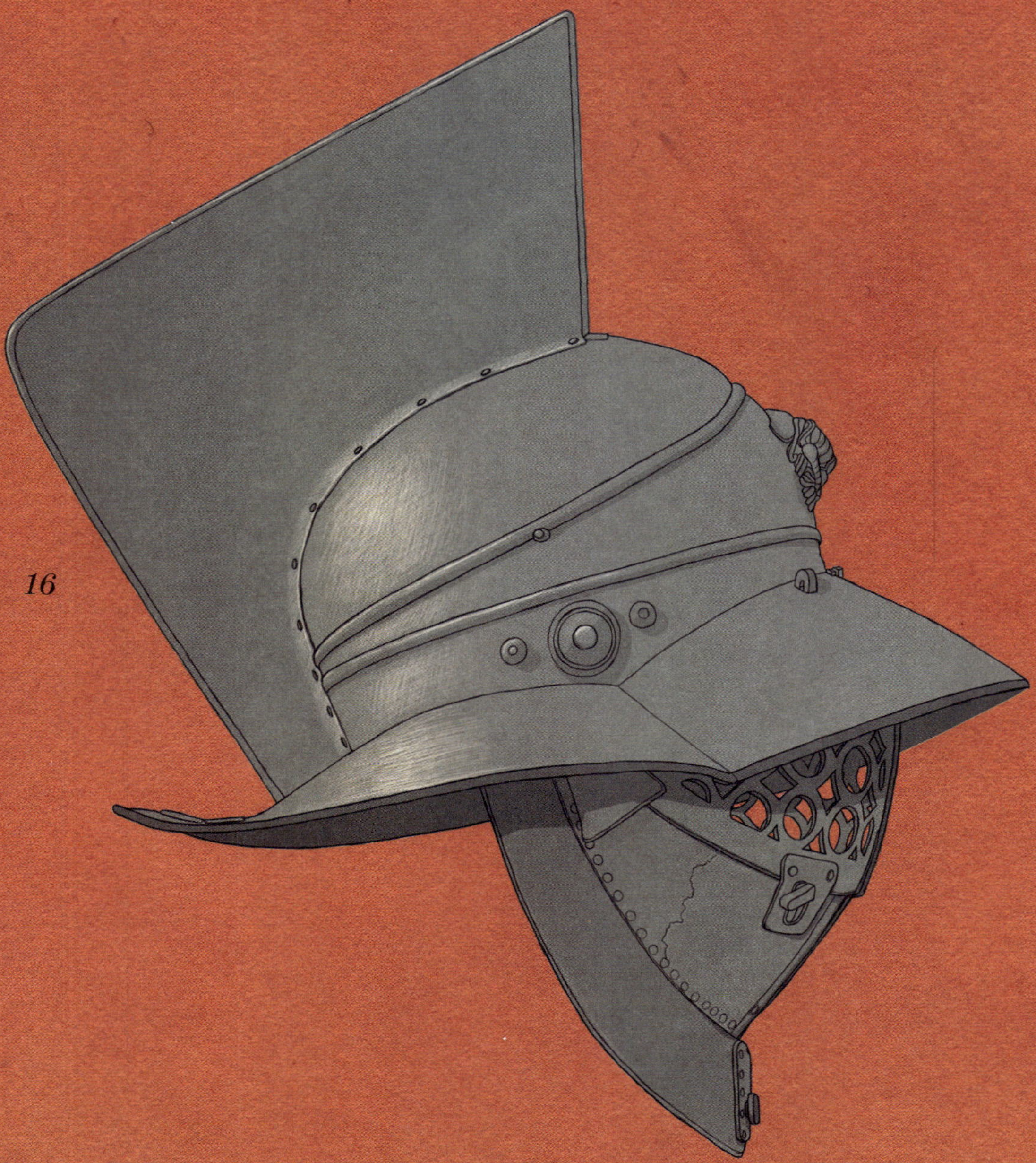

17

18

## Bildlegende

***16:*** **Gladiatoren-Helm**
*1. Jh. n. Chr.*
Solche Helme trugen Gladiatoren beim Kampf in römischen Arenen wie dem Kolosseum, wo sie zur Unterhaltung des Volkes auf Leben und Tod gegeneinander fochten. Kaiser und andere mächtige Römer finanzierten diese Schaukämpfe, um die Gunst der Massen zu erlangen. Viele der Gladiatoren waren Sklaven. Einer von ihnen – Spartacus – führte im ersten Jahrhundert v. Chr. einen Sklavenaufstand an.

***17:*** **Schwert des Tiberius**
*1. Jh. n. Chr.*
Dieses mit dem Bronzebild des Kaisers Tiberius geschmückte Schwert wurde vermutlich einem ranghohen Offizier der römischen Armee als Auszeichnung verliehen. Es wurde in der deutschen Stadt Mainz gefunden und zeigt, wie weit die römischen Legionen während ihrer militärischen Einsätze herumkamen. Das hochverzierte, repräsentative Schwert sollte vermutlich den Sieg nach einem sehr langen Feldzug in Germanien feiern. Römische Legionäre mussten römische Bürger sein und dienten bis zu 25 Jahren in der Armee. Sie waren mit zwei Speeren, einem Schwert, einem Dolch und einem Schild ausgerüstet. Das bestens ausgebildete römische Heer kämpfte in Formationen.

***18:*** **Römische Münzen**
*1., 2. und 4. Jh. n. Chr.*
Auf diesen drei Münzen sind die

19

römischen Kaiser Augustus, Trajan und Konstantin der Große abgebildet. Römische Münzen wurden sowohl in Rom als auch in verschiedenen Teilen des Reiches geprägt, die Münze mit Konstantin z. B. in Germanien. Durch sein Bildnis auf Münzen war der Herrscher überall im Reich präsent. Trajan war ein erfolgreicher Heerführer. Noch heute erinnert die Trajansäule in Rom an seine Siege über das Volk der Daker. Konstantin der Große ist als erster christlicher Kaiser Roms bekannt.

*19:* **Fresko aus Pompeji**
*1. Jh. n. Chr.*
Von römischen Frauen wurde erwartet, dass sie gute Ehefrauen und Mütter waren. Von politischer oder sozialer Macht waren sie weitgehend ausgeschlossen. Dennoch erreichten einige reiche, gut ausgebildete Frauen politischen Einfluss. Dieses Wandgemälde zeigt eine junge Frau, die ein Wachstafelbuch und einen Stilus hält – eine Art Griffel, um auf weichem Wachs zu schreiben. Die Fähigkeit zu schreiben war ein Statussymbol im Alten Rom. Die Stadt Pompeji wurde bei einem Ausbruch des Vulkans Vesuv 79 n. Chr. unter Asche begraben. Dadurch blieben viele römische Überreste gut erhalten und konnten später ausgegraben werden.

20

21

22

## *Bildlegende*

*20:* **Wasserspeier**
*1. Jh. n. Chr.*
Dieser mit einem Löwen verzierte Wasserspeier zeigt einen winzigen Teil des ausgefeilten Wasserversorgungssystems des antiken Rom. Römische Ingenieure konstruierten gigantische Aquädukte, wie zum Beispiel den gut erhaltenen Pont du Gard in Frankreich aus dem 1. Jahrhundert, um die Versorgung der Städte – vor allem Rom – mit Frischwasser zu gewährleisten. Nur wenige, sehr reiche Römer hatten fließendes Wasser in ihren Häusern, aber selbst die Ärmsten konnten sich an öffentlichen Brunnen mit sauberem Wasser versorgen. Es gab sogar öffentliche Toiletten mit fließendem Wasser.

*21:* **Die Portlandvase**
*ca. 5 – 25 n. Chr.*
Die in Kameoglastechnik gefertigte Portlandvase ist ein beeindruckendes Beispiel römischer Glasbläserkunst. Kameoglasgefäße sind besonders schwierig herzustellen, weil zwei unterschiedlich farbige Glasschichten zusammengebracht werden müssen, von denen die obere zusätzlich eingeschnitzt wird. Kameoglas wurde offenbar nur in Rom gefertigt und alle bisherigen Funde stammen aus den Jahren 27 v. Chr. bis 68 n. Chr. Die Technik der Glasbläserei wurde im ersten Jahrhundert v. Chr. erfunden und ermöglichte, erstmals Alltagsgefäße in großer Stückzahl anzufertigen.

*22:* **Jupiterstatue**
*2. Jh. n. Chr.*
Diese Bronzestatue zeigt den obersten römischen Gott Jupiter. Bei den Griechen hieß er Zeus. Die Römer statteten ihre lokalen Gottheiten mit den Persönlichkeitsmerkmalen der viel lebendigeren griechischen Götter aus, so dass auch diese Jupiterstatue möglicherweise die Kopie eines griechischen Originals ist. Die Schar der römischen Gottheiten ist unzählbar. Neben den Hauptgöttern wurden viele weitere Götter angebetet und jeder Haushalt hatte zusätzlich spezielle Schutzgeister.

*23:* **(rechte Seite): Mosaik**
*2. Jh. n. Chr.*
Die Häuser wohlhabender Römer waren verschwenderisch dekoriert und die Böden oft mit aufwendigen Mosaiken bedeckt. Das hier abgebildete stammt aus Pompeji und zeigt detailfreudig Speisefische des Mittelmeers. Festmahle, bei denen seltene und teure Speisen serviert wurden, waren bei reichen Römern soziale Ereignisse von großer Bedeutung.

*24*

*25*

*26*

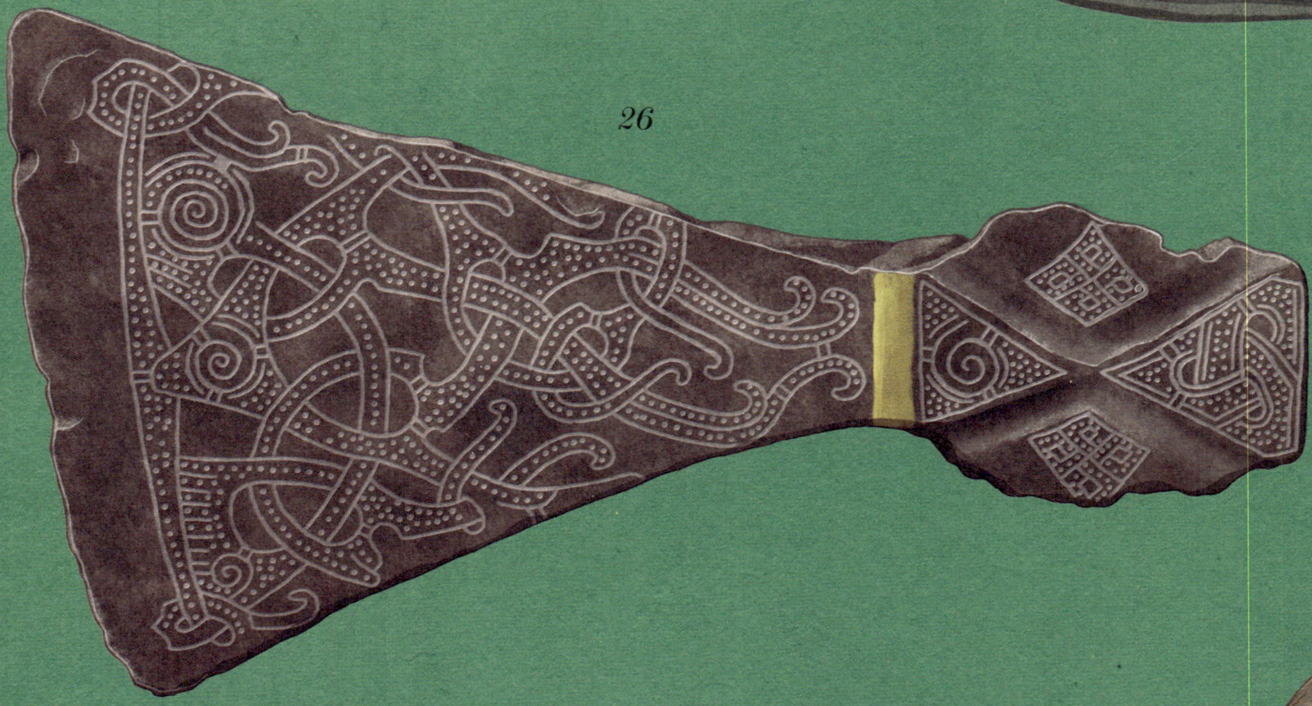

*27*

*28*

# Die Wikinger

Die meisten Wikinger lebten als Bauern und Händler in Skandinavien. Das Bild der Wikingerzeit prägten jedoch die wagemutigen Raubzüge einer Minderheit auf See fahrender Wikinger und ihre Kampfsagas. Den Beginn markierte 793 n. Chr. der Raubzug gegen das Kloster Lindisfarne an der englischen Küste.

Die frühen Wikinger waren große Händler und Reisende. Auf ihren Reisen sahen sie die reiche Beute, die es in fernen Ländern zu erlangen gab und so wandelte sich Handel in Raub. Ihren Erfolg verdankten sie maßgeblich ihrer überlegenen Schiffstechnik.

Die ersten Raubzüge waren Blitzüberfälle. Als nächstes beschlossen die Wikinger, den Winter an einer fremden Küste zu verbringen und begannen bald, dauerhaft im Ausland zu leben: in Russland, auf den schottischen Inseln, Irland, Island und Grönland.

Die Reisenden trugen neben ihrer Kriegerkultur auch Gespür und Leidenschaft für Repräsentation mit sich, die in ihren unverwechselbaren verwobenen Mustern genauso zum Ausdruck kommen wie in ihrer Liebe zu wertvollen Metallen.

Die Wikingerzeit begann mit einem Angriff auf das Christentum und endete 400 Jahre später mit dessen Akzeptanz. Der kulturelle Wandel durch die neue Religion und die Zentralisierung der europäischen Königreiche bedeuteten das Ende dieser Ära.

## Bildlegende

**24: Gefäß aus dem Depotfund von Harrogate**

*9. Jh. n. Chr.*

Dieses Silbergefäß ist das größte und spektakulärste Objekt eines Silberschatzes, der 2007 auf einem Acker in York (Jorvik für die Wikinger) gefunden wurde. Die meisten anderen Gegenstände – darunter 617 Münzen – waren in ihm verstaut. Die Gegenstände kamen aus Afghanistan, Russland und Irland und zeigen, wie weit die Wikinger reisten. Der mit Reben und Jagdszenen verzierte Behälter wurde wahrscheinlich in Nordfrankreich oder Deutschland gefertigt und könnte aus einem reichen Kloster geraubt worden sein.

**25: Fibel in Schiffsform**

*800 – 1050 n. Chr.*

Fibeln (Gewandnadeln) wurden dazu benutzt, dicke Wollumhänge an der Schulter zusammenzuhalten. Dieses Exemplar aus Kupfer zeigt das hohe Niveau der Metallverarbeitung bei den Wikingern. Die Wikinger waren zurecht stolz auf ihre schnittigen, schnellen Schiffe, die sie über Meere und Flüsse trugen. Vorder- und Hintersteven des Fibel-Schiffes sind in der Form von Tierköpfen gestaltet. Eine solche Dekoration der Schiffe war üblich und sollte schon aus der Ferne Respekt einflößen.

**26: Axtkopf**

*10. Jh. n. Chr.*

Die Wikinger-Kultur verehrte tapfere Krieger. Junge Männer traten gegeneinander an, um Anführer im Kampf zu werden. Sie waren furchtlos in der Schlacht und hervorragend im Nahkampf. Im Kampf gefallene Männer, so die Vorstellung, zogen nach dem Tod in Walhalla ein und führten dort in der großen Halle der Unterwelt ein gutes und aufregendes Leben. die Die beliebtesten Waffen der Wikinger waren Langschwert und Speer, doch diese Axt war durch ihre Silberarbeit vermutlich ein wertvoller Besitz.

**27: Lewis-Schachfiguren**

*1150 – 1200 n. Chr.*

Im 12. Jahrhundert war Schach in Europa ein verbreitetes Spiel. Diese geschnitzten Spielfiguren aus Walrosselfenbein und Walzähnen wurden auf der Isle of Lewis nordöstlich von Schottland gefunden und gehörten wahrscheinlich einem norwegischen Händler, der nach Irland reiste. Anstatt der heute üblichen Türme sind in diesem Figurensatz Berserker zu sehen, mystische Krieger, die sich gemäß den Wikinger-Sagas vor dem Kampf in Ekstase versetzten und mit rollenden Augen auf ihre Schilde beißend aufs Schlachtfeld rannten. Interessanterweise sind Kreuze auf den Schilden der Schachfiguren. Skandinavien wurde ab dem 9. Jahrhundert n. Chr. schrittweise christianisiert.

**28: Münzen aus dem Depotfund von Harrogate**

*927 n. Chr.*

Münzen wurden für die Wirtschaft der Wikinger erst vergleichsweise spät wichtig. Die frühen Wikinger-Händler, die Fell, Waffen und Sklaven gegen arabische Silbermünzen tauschten, interessierten sich nur für den Silbergehalt. Zuhause schmolzen sie die Münzen ein und verarbeiteten sie zu anderen Gegenständen. Silberne Hals- und Armreifen wurden in Standardgewichten hergestellt, so dass sie – bei Bedarf in kleinere Stücke zerhackt – auch als Währung fungierten. Als die Wikinger sich in England ansiedelten, griffen sie die dortigen Gepflogenheiten auf und prägten ihre eigenen Münzen.

WELTKULTUREN

*Saal 5*

# Naher Osten

*Mesopotamien*
*Levante*
*Altes Persien*
*Früher Islam*

# Mesopotamien

Mesopotamien oder Zweistromland bezeichnet eine Region um die Flüsse Euphrat und Tigris im Altertum, die das heutige Syrien, Iran, Irak, Türkei und Kuwait umfasst. Archäologischen Funden zufolge entstanden hier die frühesten Städte, das erste Schriftsystem, die ersten niedergeschriebenen Gesetze, das Rad, der Pflug und die Zeitmessung in Stunden, Minuten und Sekunden. Diese Innovationskraft wurde durch die Flussnähe Mesopotamiens begünstigt: Fruchtbare Erde ermöglichte, Überschüsse zu erwirtschaften, mit denen eine wachsende städtische Bevölkerung versorgt werden konnte.

Die antike mesopotamische Kultur wurde über Tausende von Jahren durch eine Vielzahl von Zivilisationen geprägt, darunter Sumerer, Akkader, Babylonier und Assyrer. Diese Völker sprachen unterschiedliche Sprachen und konkurrierten um die Macht, aber sie teilten ihr kulturelles Wissen und den Glauben an eine Vielzahl von Göttern. Die Bedrohung durch Krieg war allgegenwärtig, doch oftmals war die Aussicht auf Handel attraktiver, speziell für den ressourcenarmen Süden.

Der Aufstieg von Städten wie Ur begann im heutigen Irak mit den Sumerern um ca. 4500 v. Chr. In der mittleren Bronzezeit (um 2000 v. Chr.) wuchs das Assyrische Reich im Norden und die Stadt Babylon stieg auf. Obwohl Angriffe von fremden Völkern wie den Kassiten und Hethitern die Königreiche schwächten, konnten sich in der Eisenzeit (1000 – 500 v. Chr.) neue Assyrische und Babylonische Reiche behaupten.

Die mesopotamischen Kulturen erlebten ihren Niedergang ab ca. 500 v. Chr., als erst die Perser, dann die Griechen und schließlich die Römer zu beherrschenden Mächten aufstiegen. Im 7. Jahrhundert verbreitete sich im Zuge der arabischen Invasion der Islam als Religion im mesopotamischen Raum.

## Bildlegende

*1:* **Königsfriedhof von Ur: Standarte von Ur**
*ca. 2600 – 2400 v. Chr.*
Dieser mit Mosaik verzierte Holzkasten stammt aus der sumerischen Periode. Sein Entdecker Leonard Woolley bezeichnete ihn in den 1920ern als Standarte, aber die Verwendung ist unklar. Er ist 58 cm lang und von allen Seiten mit einem Fries aus Muscheln, Lapislazuli und rotem Marmor dekoriert. Die hier abgebildete Seite zeigt den Ackerbau als Wurzel des sumerischen Wohlstands: Die zwei unteren Friesstreifen zeigen die Darbringung von Erzeugnissen als Abgabeleistung, während im oberen Streifen die Elite bei einem Fest zu sehen ist. Die andere Seite des Kastens zeigt die für die Verteidigung des Reichs erforderliche Armee.

*2:* **Königsfriedhof von Ur: Kopfschmuck**
*ca. 2600 – 2400 v. Chr.*
Diese Goldblätter mit Lapislazuli- und Karneolperlen wurden auf dem Kopf einer Dienerin in einem Königsgrab von Ur gefunden. Das Zentrum des Friedhofs beherbergt 16 große Gräber. Die hier bestatteten Herrscher scheinen den aufgezeichneten Dynastien vorauszugehen, da ihre Namen nicht in den sumerischen Königslisten auftauchen. Sollten sie nur lokale Herrscher gewesen sein, ist die Pracht ihrer Grabbeigaben umso erstaunlicher.

*3:* **Königsfriedhof von Ur: Goldene Tasse**
*ca. 2600 – 2400 v. Chr.*
In den Flussniederungen Südmesopotamiens gab es keine Edelmetallvorkommen. Das Gold kam vermutlich aus dem Gebiet des heutigen Iran und der Türkei und wurde dann von geschickten einheimischen Handwerkern für die herrschende Elite weiterverarbeitet. Die Mesopotamier glaubten, dass die Toten zu einem Dasein in einer tristen Unterwelt verdammt wären. Mitgegebene Luxusgüter sollten vermutlich das Leben nach dem Tod angenehmer gestalten oder die Götter – speziell Ereškigal, die Göttin der Unterwelt – besänftigen.

*4:* **Königsfriedhof von Ur: Statuette**
*ca. 2600 – 2400 v. Chr.*
Diese mit Blattgold und Muscheln verzierte Statuette zeigt einen Ziegenbock, der auf seinen Hinterbeine stehend Blätter von einem Baum frisst. Land für grasendes Vieh und Ackerbau waren die Grundlage für den Wohlstand von Ur.

*1*

*2*

*3*

*4*

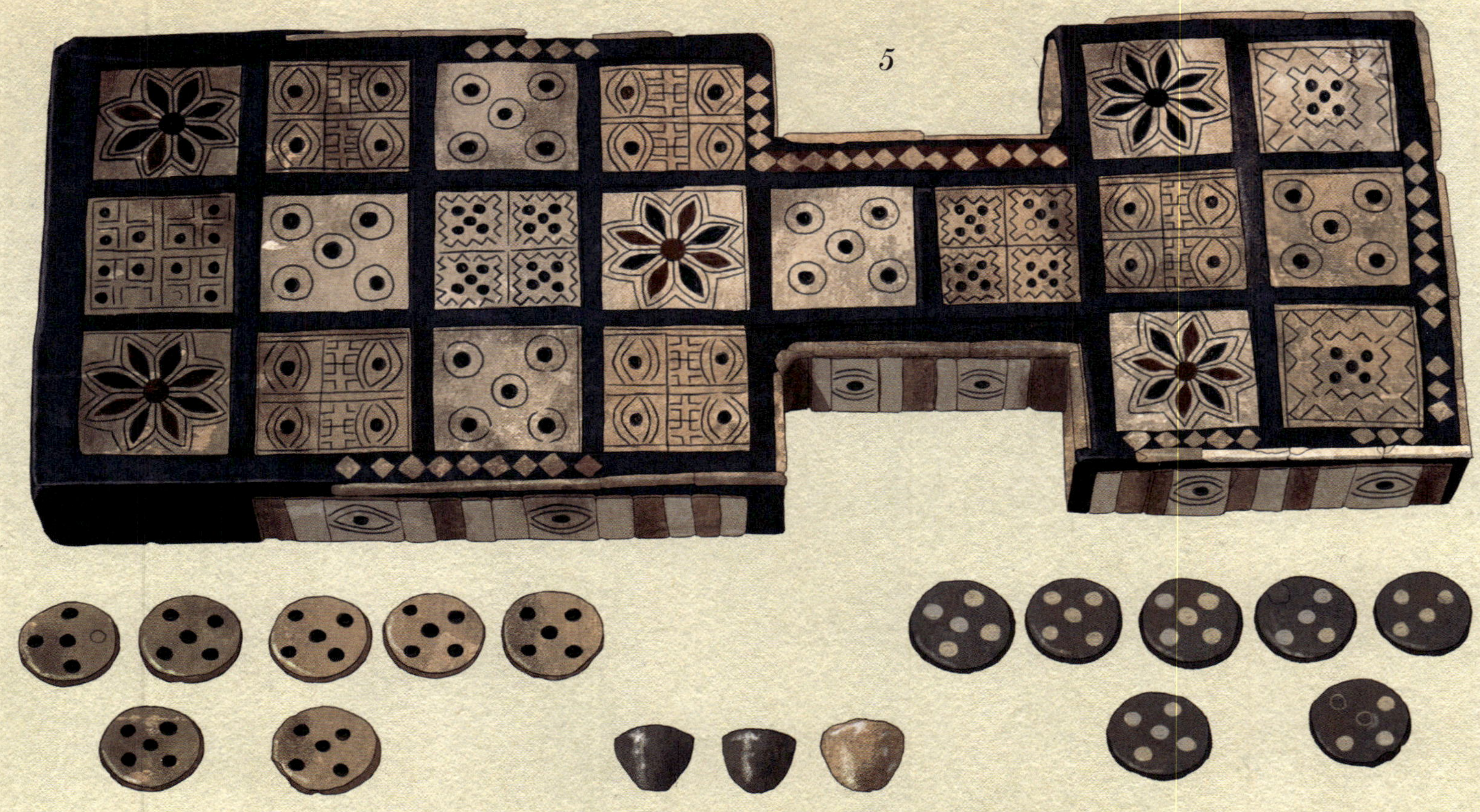
5

## *Bildlegende*

*5:* **Königsfriedhof von Ur: Brettspiel**
*ca. 2600 – 2400 v. Chr.*
Brettspiele mit 20 Feldern fand man vom östlichen Mittelmeerraum und Ägypten bis nach Indien und datierte sie von 3000 v. Chr. bis ins 1. Jahrtausend n. Chr. In Ur entdeckte man neben diesem noch andere Spiele, manche sogar mit Spielsteinen. Wie die Standarte von Ur sind die hölzernen Spielbretter kunstvoll mit Lapislazuli, Muscheln und Rotkalkstein verziert. Der Fund von Brettspielen in Gräbern liefert weitere Hinweise bezüglich der Jenseitsvorstellung der Bewohner von Ur.

*6:* **Herrscherkopf**
*ca. 2300 – 2000 v. Chr.*
Dieser schwere Bronzekopf aus der frühen Bronzezeit Mesopotamiens stammt vermutlich aus dem Akkadischen Reich (2334 – 2150 v. Chr.). Die Detailgenauigkeit der Gesichtszüge lässt vermuten, dass es sich um ein Herrscherporträt handelt. Die akkadischen Könige hatten ihren Sitz im Stadtstaat Akkad (wahrscheinlich nahe dem heutigen Bagdad). Ihre Kunst diente vor allem der Darstellung von Süd-Mesopotamiens Macht. Sumerer und Akkader waren kulturell und politisch eng verbunden, sprachen aber verschiedene Sprachen.

*7:* **Sumerische Statue**
*ca. 2900 – 2600 v. Chr.*
Auf dem Gelände sumerischer Tempel fand man viele Statuen. Diese stammt aus der alten sumerischen (später akkadischen) Stadt Ešnunna nördlich von Babylon. All diese Statuen zeigen unterschiedliche Gebetshaltungen mit gefalteten Händen und weit offenen Augen. Im Zentrum jeder sumerischen Stadt stand ein Tempel mit einem heiligen Schrein, der dem Schutzgott der Stadt geweiht war. Nur Priester hatten Zugang, so dass die Statuen möglicherweise als Stellvertreter für Gläubige dienten, die keinen Zutritt hatten. Da die abgebildete Figur nicht, wie für mesopotamische Männer üblich, einen langen Bart und Haare trägt, stellt sie vermutlich einen Priester dar.

*8:* **Königsfriedhof von Ur: Siegel**
*ca. 2600 v. Chr.*
Um 4000 v. Chr. begannen die Sumerer, Siegel als eine Art der Unterschrift zu nutzen, um Besitz zu kennzeichnen und Fälschungen zu verhindern. Es entstanden zylinderförmige Siegel aus hohlen Ton- oder Steinröhren, die ein Muster hinterließen, wenn sie in weichen Ton gerollt wurden. Das abgebildete grüne Zylinder-Siegel erzeugt eine Festszene, wie darunter gezeigt. Siegel mit Festmotiven wurden oft in Frauengräbern gefunden, während in Männergräbern Siegel mit Schlachtszenen vorherrschten.

*9:* **Löwenjagd-Relief**
*883 – 859 v. Chr.*
Dieses Alabasterrelief stammt aus der assyrischen Stadt Nimrud (ursprünglich Kalhu) in Nordmesopotamien, dem heutigen Irak. Die assyrischen Könige schmückten ihre Palastmauern mit Tafeln, die ihre Triumphe darstellten. Diese Tradition wurde von König Aššur-nasir-apli II. ins Leben gerufen, der hier seinen Bogen auf einen Löwen richtet. Die Löwenjagd war ein königlicher Zeitvertreib und sollte die Rolle des Herrschers als Kämpfer und Beschützer unterstreichen. Aššur-nasir-apli II. leistete mit zahlreichen Kriegszügen dem Neuassyrischen Reich (ca. 911 – 609 v. Chr.) Vorschub.

*6*

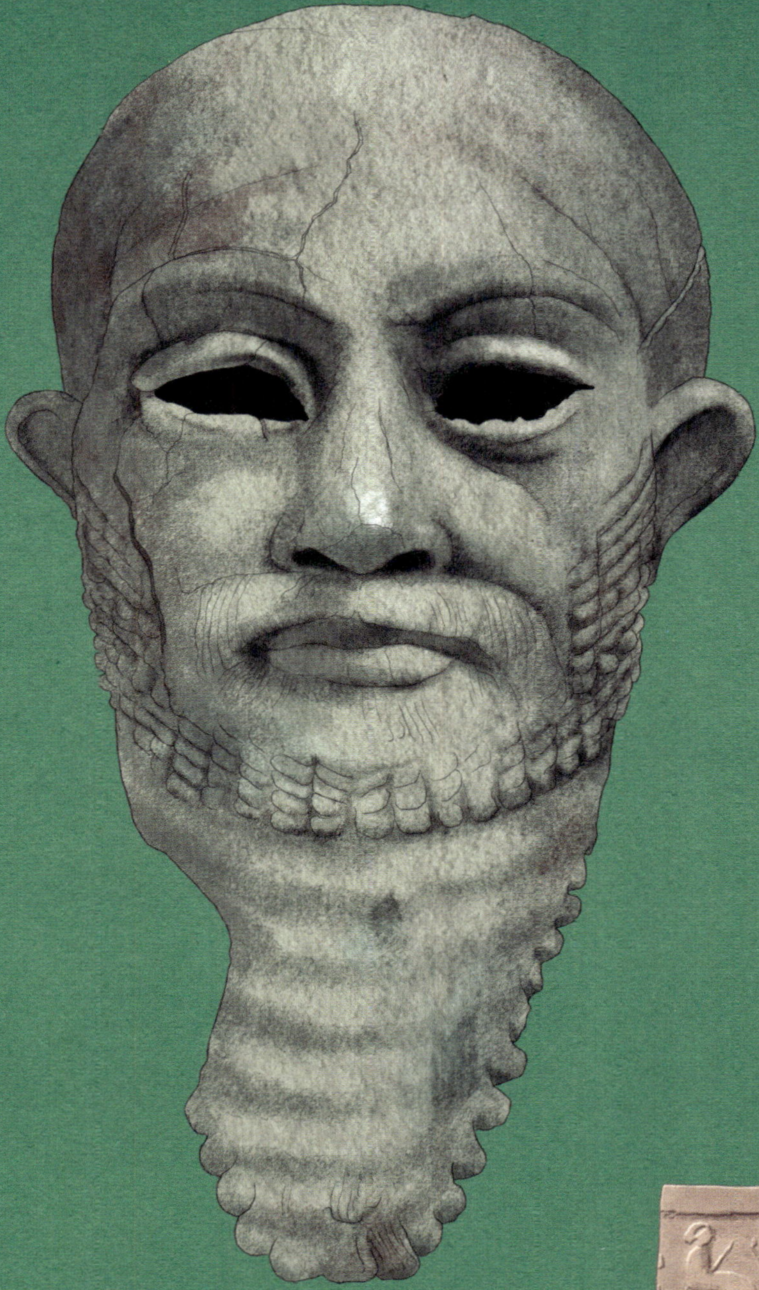

*7*

*8*

*9*

*10*

*11*

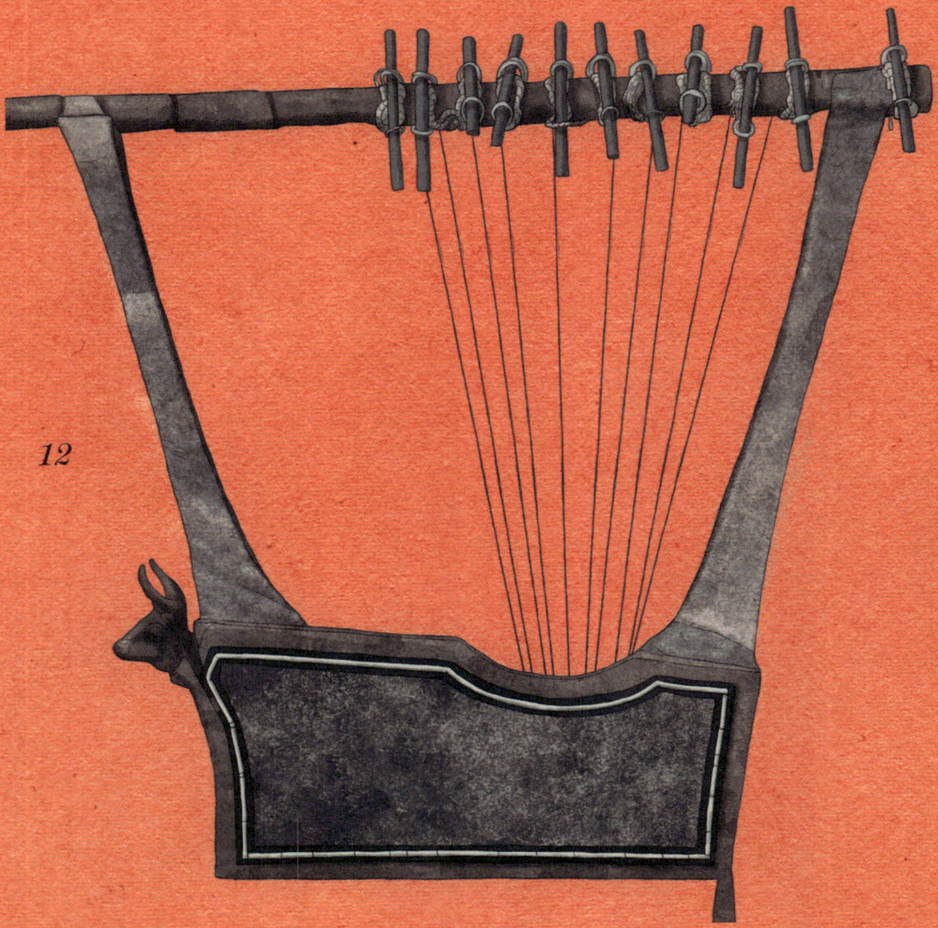

*12*

*13*

14

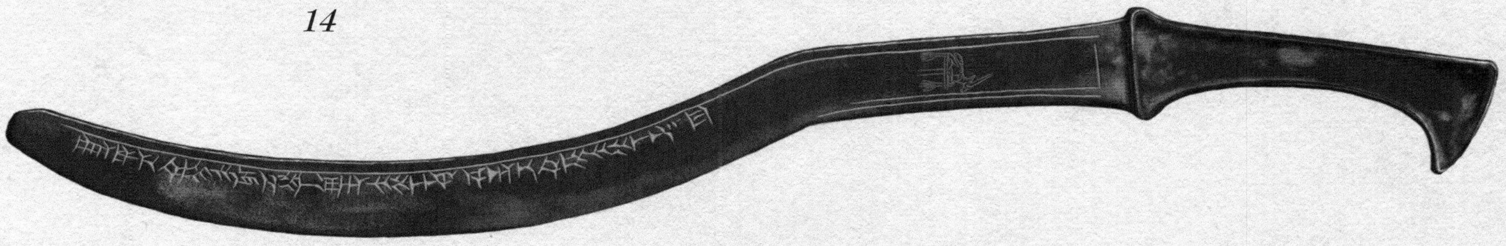

## Bildlegende

*10:* **Lamassu**
*ca. 883 – 859 v. Chr.*
Diese 3 m hohe und 3 m lange Steinskulptur stand als Teil eines Wächterpaars beim Palast des Königs Aššur-nasir-apli II. in der assyrischen Hauptstadt Nimrud. Die Mesopotamier glaubten an Tod und Zerstörung bringende Dämonen. Fabelwesen wie dieser geflügelte Stier mit Menschenkopf, genannt Lamassu, sollten Schutz bieten. Die Assyrer sahen ihre Könige höher als ihre Götter an und schmückten ihre Paläste noch prächtiger als die Tempel.

*11:* **Die Sintflut-Tafel**
*7. Jh. v. Chr.*
Dieses etwa 15 × 13 cm große Tontafelfragment enthält einen Teil des Gilgamesch-Epos, das um 2100 v. Chr. entstandene, erste große Epos der Weltliteratur. Damit ist es 1000 Jahre älter als die *Ilias* und die *Odyssee*. Es ist in Akkadisch verfasst und im frühen Schriftsystem der Keilschrift notiert. Die Tafel war Bestandteil der Bibliothek des assyrischen Königs Aššur-bani-apli, die viele Tausende solcher Tafeln umfasste. Unter den über 30 000 heute existierenden ist die Sintflut-Tafel die berühmteste.

Ihr Inhalt ähnelt stark der biblischen Geschichte von Noah und der Sintflut, auch wenn sie 400 Jahre vor der frühesten Bibelversion niedergeschrieben wurde. Weitere Tafelfunde in Aššur-bani-aplis Palast in Ninive umfassen Briefe, Listen, Gesetzes- und wissenschaftliche Texte. Die Bibliothek des letzten großen Assyrerkönigs (668 – 627 v. Chr.) war die erste ihrer Art im Nahen Osten.

*12:* **Königsfriedhof von Ur: Silberleier**
*ca. 2600 – 2400 v. Chr.*
In einem der Gräber von Ur fand man in Reihen liegend die sterblichen Überreste von 74 Dienern, vorwiegend Frauen. Ob sie getötet wurden oder freiwillig in den Tod gingen, ist unbekannt. Allerdings lassen Becherfunde neben der Hälfte von ihnen vermuten, dass sie Gift getrunken haben. Am Eingang des Grabs lagen fünf bewaffnete Männer. Neben den Körpern der Dienerinnen wurden drei Leiern gefunden, deren Holz verrottet, aber bei zwei von ihnen mit Silberblech beschlagen war. Vermutlich wurden die Leiern bei Zeremonien gespielt.

*13:* **Königsfriedhof von Ur: Perlenmanschette**
*ca. 2600 – 2400 v. Chr.*
Vermutlich dienten diese Perlen als kunstvolle Manschetten eines langärmligen Gewandes. Sie wurden wie Ringe, Anhänger, Kopfschmuck und Ohrringe bei den Überresten der weiblichen Körper in den Königsgräbern von Ur gefunden. Einer Frau hohen Ranges namens Puabi hatte man sogar Make-up, Pinzette und einen kleinen Ohrlöffel ins Grab gelegt.

*14:* **Sichelschwert**
*1307 – 1275 v. Chr.*
Das Sichelschwert galt den Mesopotamiern als Machtsymbol. Könige und Götter wurden häufig mit dieser Waffe abgebildet. Diese circa 54 cm lange Bronzeausführung gehörte dem assyrischen König Adad-nirari I. (späte Bronzezeit). Auf der Klinge des Zeremonial-Schwertes findet sich dreimal ein Schriftzug in Keilschrift, der ihn als Besitzer ausweist.

# Levante

Die alten Länder entlang der östlichen Mittelmeerküste – heute Syrien, Libanon, Israel, die Palästinensischen Autonomiegebiete und Jordanien – werden zusammenfassend als Levante bezeichnet. Diese Region ist eine der ältesten durchgängig bewohnten der Welt. Sie umfasste das Alte Syrien und das durch die Bibel als Kanaan bekannte Gebiet.

Die Kanaaniter hatten in der mittleren und späten Bronzezeit (2000 – 1200 v. Chr.) eine hoch entwickelte Stadtkultur. Ihr frühes Alphabet ging dem Phönizischen und anderen Schriften voraus. Die Phönizier, die größten Seefahrer des Altertums, waren ein Eisenzeit-Volk, das auf den Traditionen der Kanaaniter aufbaute. Sie lebten im heutigen Libanon und ihr Name leitet sich vom purpurroten Farbstoff ab, den sie bei der Textilherstellung einsetzten. Sie waren aktive Händler und berühmt für ihre Handwerkskunst.

Seit ca. 1200 v. Chr. wurden die kanaanitischen Städte weiter südlich durch zahlreiche Dörfer abgelöst. Der Grund ist nicht bekannt, klar ist aber, dass die Israeliten das aufstrebende Volk waren. Sie hatten ihre eigene Kultur und Sprache Hebräisch, die eng mit der phönizischen und kanaanitischen verwandt ist. Ihre Gesellschaften legten den Grundstein zu den frühen jüdischen Königreichen.

Zeitweise standen große Teile der Levante unter der Kontrolle fremder Mächte, darunter Ägypter, Assyrer, Babylonier und Perser. 332 v. Chr. eroberte Alexander der Große die Levante, die später Teil des Römischen Reiches wurde. Unter römischer Herrschaft wurde in der als Judäa bekannten Region Jesus geboren.

## *Bildlegende*

*15:* **Kupfer-Zepter**
*4500 – 3500 v. Chr.*
Das Zepter ist eines von 442 Objekten, die verborgen in einer Höhle in der judäischen Wüste gefunden wurden. Sie stammen aus der Kupfersteinzeit, die der Entdeckung der Bronzeherstellung durch die Mischung von Kupfer und Zinn vorausging. Vermutlich handelt es sich um einen Tempelschatz, der eilig versteckt wurde. Die Gegenstände dieses Schatzes sind die frühesten bekannten Beispiele von im Wachsausschmelzverfahren gefertigten Kupferobjekten: Ein Wachsmodell wird von einer Gussform umgeben, das Wachs geschmolzen und der Hohlraum mit dem Metall ausgegossen.

*16:* **Elfenbein-Tafel**
*9. – 8. Jh. v. Chr.*
Diese Elfenbein-Tafel ist ein Teil eines nahezu identischen Paars aus der alten assyrischen Hauptstadt Nimrud. Vermutlich gehörte sie zu einem königlichen Stuhl oder Thron. Phönizische Elfenbeinschnitzerei und anderes Handwerk wurden von den Assyrern hoch geschätzt. Die vermutlich in der Levante gefertigte Tafel kam als Tributzahlung oder Kriegsbeute zu den Assyrern. Ihr Dekor ist mit Lilien und Papyrus im ägyptischen Stil gehalten. Ursprünglich war sie wahrscheinlich mit Blattgold belegt und mit Halbedelsteinen besetzt.

*17:* **Gold-Anhänger**
*1750 – 1550 v. Chr.*
Seit circa 2000 v. Chr. begannen die Kanaaniter südwestlich ins Nil-Delta zu wandern. Um 1700 v. Chr. kontrollierten sie Ägypten und begründeten eine Dynastie, die bis 1470 v. Chr. währte. Dieser Goldanhänger bildet eine kanaanitische Fruchtbarkeitsgöttin ab. Er wurde in Gaza gefunden, wo man die kanaanitische Stadt Scheruhen vermutet.

*18:* **Statue des Idrimi**
*16. Jh. v. Chr.*
Idrimi war König des alten syrischen Stadtstaates Alalach. Die Steinstatue ist bedeckt mit der Inschrift seines Lebenslaufs: Er floh aus der Heimat, lebte unter kanaanitischen Nomaden, versammelte ein Heer um sich, mit dem er sich durch das alte Syrien schlug, um schließlich König von Alalach zu werden, das er 30 Jahre lang regierte.

*19:* **Die große Jesaja-Rolle**
*ca. 125 v. Chr.*
1947 entdeckte ein Schäfer in einer Höhle in der judäischen Wüste sieben alte Schriftrollen. Eine intensive Durchsuchung des gesamten Areals förderte insgesamt 1400 Dokumente aus Pergament, Papyrus und Kupferblech zutage. Zusammen werden sie als Schriftrollen vom Toten Meer oder Qumranschriften bezeichnet und umfassen fast die gesamte hebräische Bibel. Die große Jesaja-Rolle ist das größte (entrollt 7,34 m) und am besten erhaltene Dokument. In 54 Spalten gibt sie fast lückenlos alle 66 Kapitel des Prophetenbuchs Jesaja wieder.

15

16

17

18

19

# Altes Persien

Auf seinem Höhepunkt war das Persische Reich das größte, das bis dato im Altertum existiert hatte. Es erstreckte sich von Anatolien und Ägypten bis Nordindien und Zentralasien. Gegründet von Kyros dem Großen aus der Achämeniden-Dynastie, ist es auch als Achämeniden-Reich bekannt.

Im 6. Jahrhundert vereinte Kyros die iranischen Stämme der Region namens Persien südöstlich von Babylon. Er führte sie in Feldzügen an, in deren Verlauf sie das Reich der Meder, das lydische Königreich in Anatolien und die griechischen Städte in Kleinasien eroberten. 539 v. Chr. schlugen seine Soldaten das babylonische Heer, doch Kyros nahm Babylon nicht mit Gewalt ein, sondern präsentierte sich als mesopotamischer Herrscher, der die Traditionen des Volkes – anders als der unbeliebte babylonische König Nabonid – achtete. Man öffnete ihm die Stadttore und Babylon wurde Teil des Persischen Reiches. Unter Kyros' Sohn Kambyses II. fiel auch Ägypten unter Persien.

Der dritte achämenidische König Darius der Große, der von 522 bis 486 v. Chr. regierte, stabilisierte das Persische Großreich und brachte es zu seiner größten Ausdehnung. Er führte ein effizientes System regionaler Statthalter und ein eindrucksvolles Straßennetz ein. Seine Macht demonstrierte er durch zwei große Bauprojekte: die neue Hauptstadt Persepolis und den Königspalast von Susa.

Das Persische Reich überdauerte knapp zwei Jahrhunderte. Seine Führer konnten zwar Aufstände in Ägypten niederschlagen, aber es gelang ihnen nicht, die Griechen aufzuhalten. 330 v. Chr. kämpfte sich Alexander der Große mit seinem Heer durch die persischen Provinzen und errang schließlich den Sieg.

## Bildlegende

*20:* **(rechte Seite) Bogenschützenfries**
*ca. 510 v. Chr.*
Die buntglasierten Ziegeln dieses überwältigenden Frieses wurden bei Ausgrabungen am Königspalast von Darius dem Großen in Susa entdeckt. Tausende solcher bunter Ziegel wurden gefunden und lassen vermuten, dass Reihen von Bogenschützen Hunderte von Metern der äußeren Palastmauern schmückten. Die Bogenschützen sind vermutlich Abbildungen der persischen Eliteeinheit, die vom griechischen Historiker Herodot (484 – 425 v.Chr.) als „die Unsterblichen" bezeichnet wurde. Sie soll immer 10 000 Mann stark gewesen sein. Fiel einer, wurde er umgehend ersetzt, um den Eindruck von Unsterblichkeit zu wecken.

Die Schützen sind mit verzierten persischen Gewändern bekleidet und tragen knöchelhohe Schnürschuhe. Ihre aufrecht getragenen Speere haben am unteren Ende ein rundes Gegengewicht, was ihnen im Zuge der Kämpfe gegen Alexander den Großen den Spottnamen „Apfelträger" einbrachte. Das Vorbild für den Fries war möglicherweise der Prozessionsweg in Babylon, eine stein- und ziegelgepflasterte Straße, die von den Tempeln der Stadt zu den königlichen Paläste führte. Jahrhunderte nach dem Persischen Reich wurden glasierte Ziegel ein charakteristisches Merkmal islamischer Architektur.

# Früher Islam

Der islamische Glauben wurde vom Propheten Mohammed im 7. Jahrhundert n. Chr. begründet. Von Arabien aus breitete er sich rasch im Nahen Osten aus. Nach dem Tod des Propheten Mohammed im Jahr 632 n. Chr. wurden die Muslime von einem Kalifen („Nachfolger") geführt. Das wachsende Islamische Reich unter seiner Herrschaft wurde Kalifat genannt.

Im 8. bis 10. Jahrhundert n. Chr. erstreckte sich das Kalifat von Zentralasien bis Spanien. Der Islam war neben einer Religion auch eine Lebensweise und brachte eine eigene Kunstrichtung und Architektur hervor. Funde aus der islamischen Frühzeit zeigen, wie die islamische Kunst aus persischen und klassischen Einflüssen entstand.

Das Kalifat erlebte sein goldenes Zeitalter während der Abbasiden-Dynastie. 762 n. Chr. gründete diese Dynastie die Hauptstadt Bagdad, die als Zentrum von Handel und Kunst bald den Ruf einer der reichsten Städte der Welt genoss. Im 9. Jahrhundert nutzten die Kalifen Samarra als Hauptstadt. Obwohl sie nach weniger als 60 Jahren wieder aufgegeben wurde, ist die Stadt von großem archäologischen Interesse, da praktisch nichts aus der abbasidischen Periode in Bagdad erhalten geblieben ist, das 1258 n. Chr. von Mongolen geplündert und zerstört wurde. Die Mongolen töteten den Kalifen, und ihre Invasion beendete das Kalifat der Abbasiden. Damit zerfiel das arabisch-muslimische Reich, obwohl sich islamischer Glaube und Kultur weiterhin ausbreiteten.

## Bildlegende

***21:* Webteppich-Fragment**
*Mitte 8. Jh. n. Chr.*
Dieses Wollteppich-Fragment stammt aus der Umayyaden-Periode (661 – 750 n. Chr.), der ersten islamischen Dynastie. Die Kunst dieser Zeit ist noch von vorislamischen Traditionen und Techniken beeinflusst. Das wiederholte Rosettenmuster des Teppichs geht zurück auf sassanidische Kunst. Die Sassaniden-Dynastie hing der alten zoroastrischen Religion an und beherrschte Persien von 224 bis 642 n. Chr. Die abstrakten Ornamente der Sassaniden waren Vorgänger der geometrischen und floralen Muster der islamischen Kunst. Der rote Rand des Teppichs weist ihn vermutlich als Bodenbelag aus. Herstellung und Handel von Textilien florierten in der frühen islamischen Gesellschaft.

***22:* Wandgemälde-Fragmente**
*9. Jh. n. Chr.*
Die Stadt Samarra wurde 836 n. Chr. in 110 km Entfernung von Bagdad als neue Hauptstadt des Islamischen Reiches erbaut. Die ausgedehnten Palastbauten sollten Besucher mit ihrem Glanz beeindrucken. Die hier gezeigten Gemälde waren allerdings den Blicken des Kalifen und seinen Nächsten vorbehalten. Sie zierten den Harem, wo die Frauen des Hofes lebten. Vermutlich sind die abgebildeten Frauen dort arbeitende Sklavinnen, die als Dichterinnen, Musikerinnen, Tänzerinnen und Sängerinnen den Kalifen unterhielten. Sie lebten unter seinen Gemahlinnen und genossen Privilegien. Vermutlich waren die Bilder ursprünglich stärker vergoldet. Die Fragmente sind ein Beispiel für die frühe Personendarstellung in der islamischen Kunst.

***23:* Steingut-Schüssel**
*Spätes 10. Jh. n. Chr.*
Das Arabische wird in der islamischen Kultur als die Sprache, in der dem Propheten Mohammed der Koran offenbart wurde, in großer Ehre gehalten. Das gilt auch für die Kunst, arabisch zu schreiben. So entwickelte sich eine ausgefeilte Kalligraphie. Diese Schüssel aus Nischapur im Nordosten Irans zeigt die älteste arabische Kalligraphie-Form, die Kufische Schrift. Die Worte der Inschrift bedeuten übersetzt: Segen, Wohlstand, Wohlergehen, Glück. Inschriften sind ein typischer Bestandteil der frühen islamischen Tonwaren. Oftmals enthielten sie Ratschläge für eine gute Lebensführung.

21

22

23

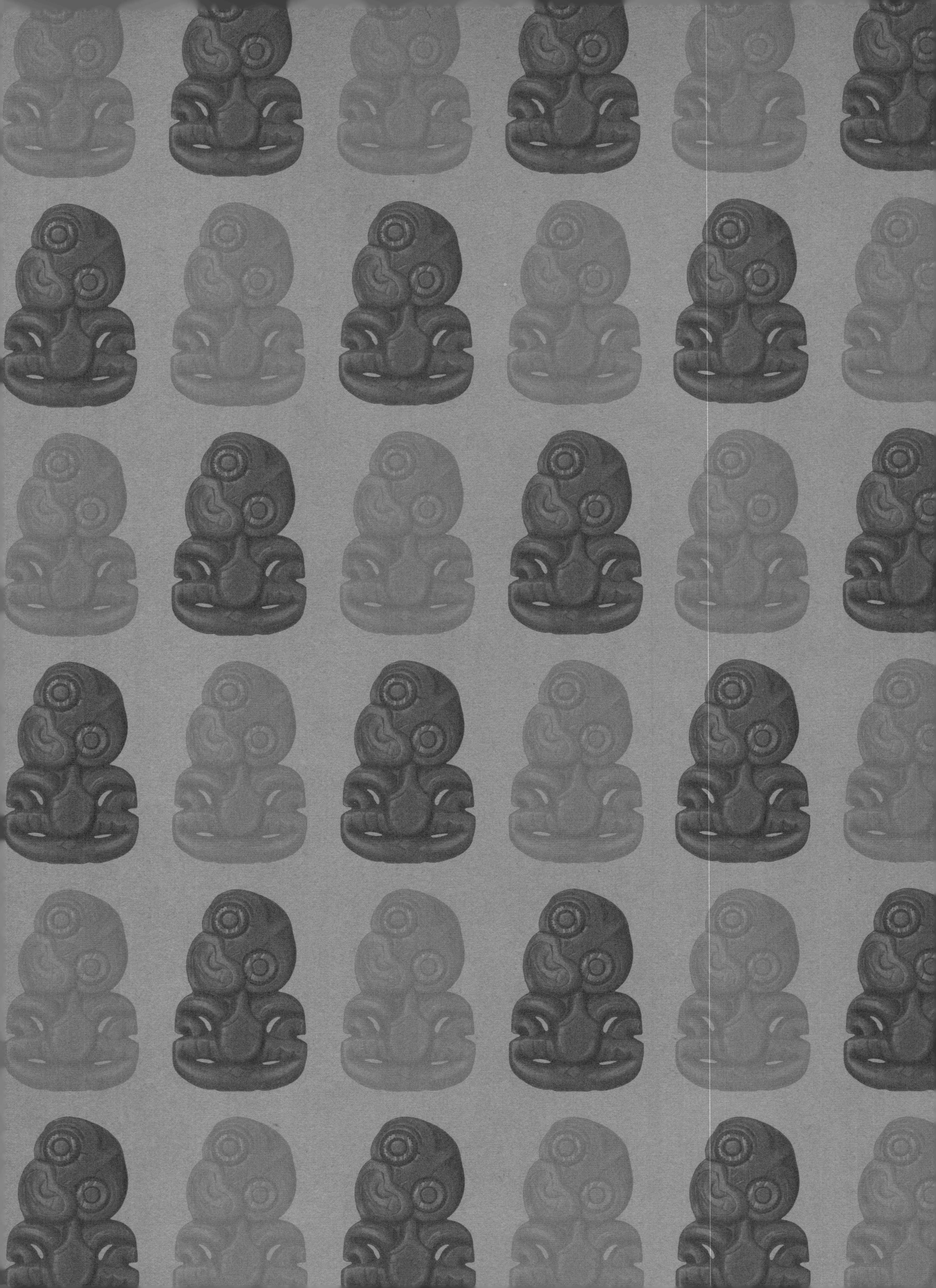

WELTKULTUREN

*Saal 6*

# Ozeanien

*Australische Ureinwohner*
*Melanesier*
*Polynesier*
*Māori*

# Australische Ureinwohner

Die Aborigines und Torre-Strait-Insulaner sind die indigenen australischen Völker. Die Aborigines besiedelten Australien vor über 50 000 Jahren. Sie kamen aus Asien als die ersten Seefahrer der Welt, von denen wir wissen. Die Torre-Strait-Insulaner haben melanesischen Ursprung. Sie erreichten das Torre-Strait-Gebiet, als es vor dem Anstieg des Meeresspiegels vor 15 000 bis 8000 Jahren als Landbrücke Guinea und Australien verband. Zwischen beiden Völkern herrschte über Jahrtausende reger Austausch. Sie teilen eine tiefe spirituelle Verbundenheit mit der Natur, eine Tradition des Geschichtenerzählens, Zeremonien und bildende Künste. Dennoch unterscheiden sich die Kulturen deutlich, die der Torre-Strait-Insulaner ist eng verwandt mit der Papua-Kultur aus Neuguinea.

Vor etwa 20 000 Jahren hatten sich die Aborigines über das gesamte australische Festland und Tasmanien ausgebreitet. Sie lebten als Jäger und Sammler in kleinen nomadisierenden Gruppen, kamen aber für Zeremonien an heiligen Orten zusammen. Das zentrale mythologische Konzept der Aborigines wird als Traumzeit beschrieben, die als eine andauernde Schöpfungszeit die Entstehung aller Dinge in Vergangenheit, Gegenwart und Zukunft umfasst. Kunst galt als wichtiges Mittel, um die Traumzeit auszudrücken, und so zierten Kunstwerke Felsen, Sand, Rinde oder den eigenen Körper.

Die Ankunft der Briten seit 1788 n. Chr. dezimierte die indigene Bevölkerung durch Gewalt, Unterdrückung und ansteckende Krankheiten. Heute hat sich ihre Zahl wieder etwas erholt: Etwa 500 000 Aborigines und 50 000 Torre-Strait-Insulaner leben derzeit in Australien. Ihre Kulturen sind lebendig und werden in Ehre gehalten.

### Bildlegende

*1:* **(rechte Seite) Felsmalerei**
*500 – 1500 n. Chr.*
Felsmalereien in Australien sind älter als 25 000 Jahre und es gibt 125 000 Stellen mit Felskunst. Der Stil unterscheidet sich je nach Entstehungszeit und -ort, aber alle Bilder haben eine spirituelle Bedeutung. Bilder von Menschen und anderen Lebewesen fungieren als Mittler zwischen der Alltagswelt und dem Übernatürlichen. Die Malerei wird von Künstlern nachfolgender Generationen immer wieder aufgefrischt, damit ihre spirituelle Kraft nicht verblasst.

Dieses Felsgemälde stammt aus der Süßwasserperiode (vor 1500 Jahren und später) und befindet sich im Kakadu-Nationalpark in Nordaustralien. Der in rotem Ocker gemalte Jäger trägt Speere, einen Beutel für Lebensmittel und einen Gänsefederfächer zum Anfachen von Feuer. Solche tanzenden, rennenden oder kämpfenden Figuren werden Mimihs genannt und als Geisterwesen betrachtet, die in den Felsen leben.

*2:* **Torre-Strait-Insulaner-Maske**
*19. Jh. n. Chr.*
Die Torre-Strait-Insulaner blicken auf eine lange Tradition des Schnitzens von Masken und der Gestaltung aufwendigen Kopfschmucks zurück. Sie werden bei Zeremonien und Ritualen getragen. Diese Maske ist in Holz geschnitzt und mit Muscheln, Dekor aus natürlichen Farbpigmenten sowie menschlichem Haar verziert. Nach der Ankunft christlicher Missionare auf der Inselgruppe wurden viele Ritualgegenstände zerstört.

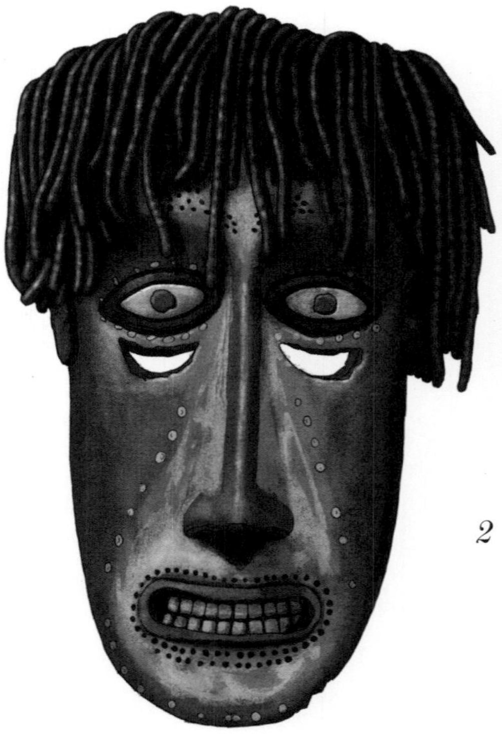
2

# Melanesien

Die Inseln und Inselgruppen Melanesiens erstrecken sich bogenförmig nordöstlich von Australien im westlichen Pazifik. Zu ihnen gehören Neuguinea, die Salomon-Inseln, Vanuatu, Neukaledonien und Fidschi. Menschen leben seit über 40 000 Jahren in Neuguinea und seit mehr als 30 000 Jahren auf der Salomon-Inselgruppe. Vor etwa 4000 Jahren kamen seefahrende Siedler aus Südostasien, verbreiteten sich über Melanesien und später Polynesien und brachten die Lapita-Kultur mit.

Die Menschen Melanesiens lebten traditionell in kleinen, auf Verwandtschaft basierenden Gemeinschaften. Speziell an der Küste gab es auch größere Orte. Die Gemeinschaften waren durch ein großes Handels- und Kommunikationsnetz verbunden. Oft mussten lange Strecken mit dem Paddelboot zurückgelegt werden. Muschelperlen und Delfinzähne gehörten zu den wertvollen Tauschgütern. In manchen Gebieten dienten Muscheln und Federn als Währung. Melanesier hielten Schweine, bauten Hackfrüchte an, gingen zur Jagd und auf Fischfang. Rituale spielten eine wichtige Rolle, Religion war Teil des Alltags. Man glaubte nicht an Götter, sondern an Geister. Magische Rituale sollten gute Ernten oder erfolgreiche Jagden heraufbeschwören.

Als Melanesien ab dem 17. Jahrhundert n. Chr. unter kolonialen Einfluss geriet, wurden die lokalen Netzwerke und Traditionen zerstört. Die Einführung des Christentums bedeutete einen tiefen kulturellen Einschnitt. Trotzdem blieben einige Regionen, vor allem im Hochland Neuguineas, bis ins 20. Jahrhundert hinein von äußeren Einflüssen unberührt. Heute werden viele melanesische Traditionen gepflegt oder wiederbelebt.

## Bildlegende

*3:* **Stein von Ambun**
*ca. 1500 v. Chr.*
Steinskulpturen aus Neuguinea gehören zu den frühesten Kunstfunden im Pazifikraum. Viele sind wie Tiere und Menschen geformt. Der Ambun-Stein könnte einen jungen Ameisenbär darstellen. Er zählt zu den detailliertesten frühen Steinskulpturen Neuguineas. Der Verwendungszweck der Figuren ist unbekannt, doch die investierte Mühe und Zeit für die Bearbeitung des harten Steins weisen auf eine rituelle Verwendung hin.

*4:* **Lapita-Tonstücke**
*1000 v. Chr.*
Diese Tonstücke gehören zur Lapita-Kultur, die sich ca. 1500 v. Chr. in Melanesien ausbreitete. Typisch für Lapita-Tonarbeiten sind geometrische Muster. Beim abgebildeten Tonstück, das auf den Santa-Cruz-Inseln gefunden wurde, ist zwischen den Mustern deutlich ein menschliches Gesicht zu erkennen. Die Lapita-Kultur verbreitete sich bis nach Tonga und Samoa in Polynesien.

*5:* **Juban-Maske**
*15.–17. Jh. n. Chr.*
Diese Maske von der Pentecost-Insel aus Vanuatu ist mit einem Steinwerkzeug oder einer Muschel aus Hartholz geschnitzt und mit rauer Hai- oder Rochenhaut abgeschliffen worden. Ihre genaue Funktion ist unbekannt, aber wahrscheinlich trug man sie bei Ritualen, möglicherweise um die Geister der Toten abzuschrecken. Ihre Gesichtszüge mit den tiefliegenden Augen sind eindeutig einschüchternd.

*6:* **Paddel**
*19.– frühes 20. Jh. n. Chr.*
Dieses reich dekorierte Paddel stammt von der Insel Bougainville, nordwestlich der Salomonen. Die Inselbewohner gingen mit speziell angefertigten Paddelbooten auf Kopfjagd. Durch die Erbeutung menschlicher Köpfe konnte ein Krieger seinen Status verbessern. Die stilisierten Figuren stellen mächtige Geister namens Kokorra dar, die dem Paddler vermutlich beistehen sollten. Der Brauch der Kopfjagd endete im frühen 20. Jahrhundert.

*7:* **Bestattungs-Malangan**
*19.– frühes 20. Jh. n. Chr.*
Diese 132 cm hohe Figur aus Neuirland, einer Insel nördlich Neuguineas, ist ein frühes Zeugnis von Malangan-Schnitzerei: Für fast alle Lebensphasen gibt es Malangan-Rituale. Die meisten und aufwendigsten Malangan genannten Schnitzfiguren aber wurden im Zuge des Totenkults angefertigt. Die Figur feiert das Leben des Verstorbenen. Tier- und Menschenfiguren könnten Mythen repräsentieren oder spirituell mit bestimmten Klans verbunden sein. Nach ihrer Benutzung wurden die Malangans weggeworfen, verbrannt oder außerhalb der Insel verkauft.

3

5

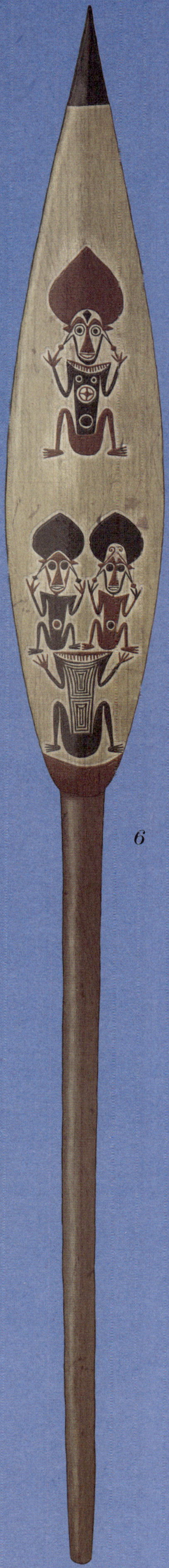

6

4

7

# Polynesien

Die Inseln von Polynesien formen ein Dreieck im Pazifik, dem tiefsten und größten Ozean der Welt. Neuseeland, Hawaii und die Osterinsel markieren seine drei Eckpunkte. Lapita-Siedler, erkennbar an ihrer Töpferei mit geometrischen Mustern, erreichten Fidschi, Tonga und Samoa circa 1000 v. Chr. In den nächsten 1000 Jahren verschwand die Lapita-Tonkunst und gänzlich neue, polynesische Kulturen kamen auf.

Etwa zwischen 100 v. Chr. und 200 n. Chr. gelangten Polynesier bis zu den östlich gelegenen Marquesas-, Cook- und Gesellschaftsinseln. Es dauerte noch mehrere hundert Jahre bis zum Erreichen der entfernteren Inseln: Hawaii wurde gegen 500 n. Chr. besiedelt, die Osterinseln circa 600 n. Chr. und dauerhafte Siedlungen auf Neuseeland gibt es seit ca. 1250 – 1300 n. Chr.

Die Polynesier waren hervorragende Seefahrer. Mithilfe ihrer Navigationskunst, die sich an den Sternen, Routen von Zugvögeln, Meeresströmungen und Winden orientierte, konnten sie große Distanzen überwinden. In ihren hölzernen Kanus transportierten sie alles zum Leben Notwendige: Hackfrüchte, Pflanzenkeimlinge, Waffen, Werkzeuge und sogar Ratten und Hunde. Das starke Empfinden ihrer kulturellen Identität hatte über Jahrhunderte und weite Entfernungen Bestand. Vor ihrer Begegnung mit den Europäern lebten die Polynesier meist als Bauern und Fischer in kleinen Familienverbänden. Die meisten Inseln waren in Distrikte mit je eigenem Stammesführer aufgeteilt, dessen Familie den Adel bildete.

Die Polynesier beteten viele Götter an und verehrten ihre alten Helden. Alltag und Rituale waren strengen Regeln und Abläufen unterworfen, mit einem starken Sinn für Tapu (Geheiligtes). Die Aufgaben von Männern und Frauen waren strikt getrennt: Männer stellten Holz- und Steingegenstände her, Frauen Rindentuch und Federumhänge. Trotz des radikalen Wandels der polynesischen Kultur durch die Kolonialisierung haben sich Identität und Bräuche bis heute erhalten.

## Bildlegende

*8:* **Hoa Hakananai'a, Osterinsel**
*ca. 1000 n. Chr.*
Die abgelegenste Ecke des polynesischen Dreiecks ist die Osterinsel (Rapa Nui). Die nächste bewohnte Insel liegt 1900 km entfernt. Ihre Besiedelung ist ein deutlicher Beweis der Navigationskunst der Polynesier.

Die Bevölkerung der Osterinsel wuchs auf 15 000 Einwohner und über mehrere 100 Jahre lang fertigte sie bemerkenswerte, kolossale Steinskulpturen, die sogenannten Moai. Die hier abgebildete ist 2,70 m hoch, andere reichen über 10 m in die Höhe. Sie wurden aus Stein gemeißelt, über beachtliche Entfernungen transportiert und in Reihen entlang der Küste aufgestellt. Ihre Rücken sind dem Meer zugewandt, der Blick geht landeinwärts auf eine Zeremonialanlage. Jede Statue ist einzigartig, vermutlich das Porträt eines vergangenen Anführers, der den Lebenden Schutz gewähren sollte.

Die großen Anstrengungen, die zur Anfertigung und zum Transport der Statuen nötig waren, lassen auf ihre herausragende Bedeutung für das Leben auf Rapa Nui schließen. Dennoch wurde ihre Herstellung circa 1600 n. Chr. eingestellt. Zu dieser Zeit verschlechterten sich die Lebensbedingungen. Beispielsweise verließen Seevögel, eines der Grundnahrungsmittel, die Insel. Vor diesem Hintergrund entwickelten die Inselbewohner eine neue Religion: den Vogelmann-Kult. Jedes Jahr führten sie einen Wettkampf durch. Wer als erster ein unzerbrochenes Vogelei von einer kleinen Insel bringen konnte, wurde für 12 Monate zum Vogelmann, ausgestattet mit heiligen Kräften.

Der Name des abgebildeten Moai bedeutet in etwa „versteckter Freund". Er spielte auch im neuen Kult eine Rolle und wurde an einen verborgenen Ort gebracht und auf der Rückseite graviert und leuchtend bemalt. Als er 1868 den Offizieren eines britischen Schiffs übergeben wurde, war die Bevölkerung auf wenige Hundert Einwohner geschrumpft. Der Kontakt mit den Europäern ab dem frühen 18. Jahrhundert brachte verheerende Krankheiten, Unruhen und Sklavenhandel. Heute leben ca. 5000 Menschen auf der Insel, weniger als die Hälfte der indigenen Bevölkerung.

8

## *Bildlegende*

***9:*** **Statue des Gottes A'a, Austral-Inseln**
*18. – frühes 19. Jh.*
Von den Cook- und Austral-Inseln kommen einige der schönsten polynesischen Schnitzarbeiten. Diese Statue stammt von der Insel Rurutu und zeigt wohl die lokale Gottheit A'a bei der Kreation von Menschen. 30 winzige Figuren scheinen aus A'a zu entspringen. Die Statue ist hohl und in ihrem Inneren befanden sich ursprünglich noch viele mehr.

***10:*** **'Akau tau, Tonga**
*18. Jh. n. Chr.*
Diese verzierte 'Akau tau (Kampfkeule) wurde wahrscheinlich vom Entdecker James Cook nach England gebracht. Die detaillierten geometrischen Muster sind typisch für Keulen aus Tonga und verweisen auf die Lapita-Muster der Vorfahren. Der Griff ist für besseren Halt gröber geschnitzt, die feinen Schnitzereien wurden mit Haizähnen eingeritzt. Oft sieht man auf solchen Keulen kleine Figuren, Tiere und Pflanzen. Sie wurden als Waffen benutzt und als Sakralgegenstände betrachtet, mit eigenem Namen und eigenem Leben.

***11:*** **Stabgott-Kopf, Rarotonga**
*18. – frühes 19. Jh.*
Polynesische Götter oder Atua wurden häufig in Holz geschnitzt und von Priestern behütet. Dieser geschnitzte Kopf aus Rarotonga (Cook-Inseln) gehörte wohl zu einem 6 Meter hohen Stabgott. Die christlichen Missionare, die im 18. Jahrhundert ankamen, behaupteten, die polynesischen Götter seien böse Geister, woraufhin viele Einwohner ihre Götterstatuen aufgaben und die Sakralgebäude verbrannten. Das zweite Auge dieses Stabgottes wurde mehrfach durchbohrt, vermutlich, um seine Kraft zu zerstören.

***12:*** **Kopfschmuck, Niue**
*18. oder 19. Jh. n. Chr.*
In ganz Polynesien wurden die Federn bestimmter Vögel zu repräsentativen Gegenständen verarbeitet. Das leuchtende Federkleid einiger kleiner Papageienarten wurde für Umhänge, Gürtel, Helme, Kopfschmuck und Götterstatuen hoch geschätzt. Die langen Schwanzfedern des Tropikvogels wurden gesammelt und in Mengen verarbeitet, obwohl jeder Vogel nur zwei dieser eleganten Federn trägt. Bei diesem Haarschmuck (Palähega) stehen Tropikvogelfedern aus einem Schaft aus bunten Federn heraus, der mit fein geflochtenem Menschenhaar festgebunden ist. Das Haar, glaubte man, beinhalte das Mana (spirituelle Kraft) einer Person, daher

*9*

*10*

*11*

*12*

wurde es in bedeutsamen Gegenständen verarbeitet. Dieser Haarschmuck wurde am Hinterkopf getragen und die Federn ragten gen Himmel.

***13:*** **Kava-Schüssel, Samoa**

*Spätes 18. – frühes 19. Jh. n. Chr.*

Kava ist ein aus den Wurzeln eines Pfefferstrauchs hergestelltes Zeremonialgetränk. Es wirkt leicht betäubend und entspannend. Es wurde und wird als Willkommensgetränk gereicht und bei wichtigen Zusammenkünften getrunken. Diese Kava-Schüssel (Tanoa fai'ava) ist ein frühes vierbeiniges Beispiel aus Samoa, spätere Schüsseln haben oft mehrere Beine.

***14:*** **Elfenbein-Ohrschmuck, Marquesas-Inseln**

*Frühes 19. Jh. n. Chr.*

Dieser kunstvoll geschnitzte Ohrschmuck aus Elfenbein (Hahakai) stammt von den Marquesas-Inseln, heute Teil Französisch-Polynesiens. Hakakai wurden von Männern und Frauen getragen. Die edelsten waren aus Walknochen gefertigt, die äußerst selten und wertvoll waren, weil sie vor Ankunft der Europäer nur gestrandeten Walen entnommen werden konnten. Als europäische Walfänger im 19. Jahrhundert das begehrte Material in großer Menge mitbrachten, wurde der Ohrschmuck gewöhnlicher. Das gezeigte Paar stammt aus dieser Zeit.

***15:*** **Kapa, Hawaii**

*18. Jh. n. Chr.*

Rindentuch wurde in fast allen Teilen Polynesiens hergestellt und für Alltags- und heilige Zwecke benutzt. Es wird bis heute hergestellt. Es wurde als Kleidung, Bettwäsche und Raumteiler verwandt, aber auch als Abgrenzung zwischen den Menschen und ihren Vorfahren, als Schutz vor Tapu oder dem Mana starker Persönlichkeiten. Rindentuch wurde auf den Boden gelegt, damit wichtige Personen hinübergehen konnten, oder um sie herumgewickelt, um ihr Mana festzuhalten. Gewonnen wurde es aus der inneren Rinde bestimmter Bäume, die erst getränkt und gehämmert, dann in Lagen übereinander geklebt oder gefilzt und schließlich mit Pflanzenfarbe verziert wurde. Auch Figuren der mächtigsten Götter wurden damit eingewickelt. Dieses Beispiel stammt aus Hawaii, wo Rindentuch Kapa genannt wird.

13

14

15

# Māori

Māori sind die Nachfahren der Polynesier, die Neuseeland (Aotearoa) zwischen 1250 und 1300 n. Chr. besiedelten. Aotearoa bedeutet „Land der langen weißen Wolke" und beschreibt den ersten Eindruck der polynesischen Entdecker von der nördlichen Insel. Neuseelands zwei Hauptinseln haben ein kälteres Klima und eine andere Flora und Fauna als die tropischen Inseln, von denen die Siedler kamen. Aber die Māori passten sich dem neuen Lebensraum an: Sie sammelten Pflanzen und jagten Vögel, Fische und andere Tiere und bauten in wärmeren Regionen Süßkartoffeln, genannt Kūmara, an.

Die Māori-Gesellschaft gliederte sich in verschiedene Stämme (Iwi), die in je einem Kanu der ersten Siedler wurzelten. Es gab eine starke, auf Herkunft basierende Hierarchie und eine strikte Trennung von Adel und gewöhnlichem Volk. Oft gab es Krieg zwischen den Stämmen und sogar innerhalb der Iwi. Die Māori-Kämpfer waren geschickte Strategen und Festungsbauer. Auf Hügeln errichteten sie befestigte Dörfer, genannt Pā. Ihre Gräben und Wälle sind noch heute in der Landschaft zu sehen.

Kunst und Religion waren in der Māori-Kultur eng verbunden. Holzschnitz- und Tätowierungsmeister wurden wie Priester Tohunga genannt, da man glaubte, dass sie mit ihrer kunstvollen Handarbeit Alltagsgegenständen übernatürliche Kräfte verliehen. Als wertvollstes Material galten die jadeähnlichen, harten Steine Pounamu. Māori-Frauen waren geschickte Weberinnen und schufen wunderschöne Matten und Zeremonialumhänge.

Erst durch den Kontakt mit Europäern im 17. Jahrhundert erreichten Metallwerkzeuge die Māori. Durch sie wurden die Māori-Schnitzereien noch detaillierter und feiner. Die alten Māori-Traditionen sind bis heute lebendig.

## Bildlegende

***16:* Breitbeil-Klinge**
*1500 – 1820 n. Chr.*
Breitbeile waren ein verbreitetes Werkzeug in Steinzeit-Kulturen. Derart geformte Klingen wurden schon von den ersten Siedlern Neuseelands benutzt. Die Beilklingen wurden mit Fasern an hölzerne Griffe gebunden und für Holzschnitzereien und zum Aushöhlen von Kanus benutzt. Diese Klinge aus Pounamu ist mit 44 cm ungewöhnlich lang und wurde vermutlich bei zeremoniellen Handlungen von einem Stammesführer benutzt.

***17:* Keule**
*Spätes 18. – 19. Jh. n. Chr.*
Die traditionellen Waffen der Māori waren Speer und Keule. Kämpfer trugen Patu genannte, kurze Keulen im Gürtel, mit denen sie ihre Gegner mit einem tödlichen Schlag auf den Kopf ausschalteten. Die aus Holz, Knochen oder Stein gefertigten Keulen hatten ein Loch im Griff, um eine Schnur für das Handgelenk zu befestigen. Dieses Exemplar aus Pounamu mit eingeschnitztem Kopf muss ein wertvoller Besitz gewesen sein.

***18:* Hei-Tiki**
*1600 – 850 n. Chr.*
Dieser geschnitzte Anhänger aus Pounamu zeigt eine als Hei-Tiki bekannte menschliche Figur. Ihre Ursprünge sind unbekannt, aber die merkwürdige Form wurde oft als Fruchtbarkeits- und Weiblichkeitssymbol gewertet, das eine bedeutende Vorfahrin oder ein ungeborenes Kind repräsentieren könnte – möglicherweise aber auch Tiki, den ersten Menschen. Anhänger wie dieser wurden gehütet und von Generation zu Generation weitergegeben.

***19:* Fischhaken**
*1750 – 1850 n. Chr.*
Das Fischen war für die Māori von großer Bedeutung, da Fisch ein Grundnahrungsmittel war und Fische außerdem als Abkömmlinge des Meeresgottes Tangaroa galten und das Fischen damit als heilige Handlung. Einer Legende nach zog der Held Māui die gesamte Nordinsel Neuseelands als riesigen Fisch an seinem Haken aus dem Meer. Der hier gezeigte Haken ist ein Schmuckanhänger, der möglicherweise an Māuis Heldentat erinnern soll.

***20:* Bug eines Kriegskanus**
*18. Jh. n. Chr.*
Die Māori-Schnitzerei war durchsetzt mit sakraler Bedeutung. Die gewundene, Aal-ähnliche Verzierung dieses Bugs – genannt Manaia – symbolisierte vermutlich die spirituelle Seite des Lebens. Der Bug stammt aus dem Norden Neuseelands und zierte wahrscheinlich ein Kriegskanu. Bei ihrer Herstellung wurde mit besonderer Sorgfalt vorgegangen: Sie waren zugleich Kunstwerk, effizientes Transportmittel und Machtsymbol. Mit einer Länge von bis zu 20 m konnten diese Kanus 140 tätowierte Krieger aufnehmen: Sie sollten beeindrucken und einschüchtern.

16

17

18

19

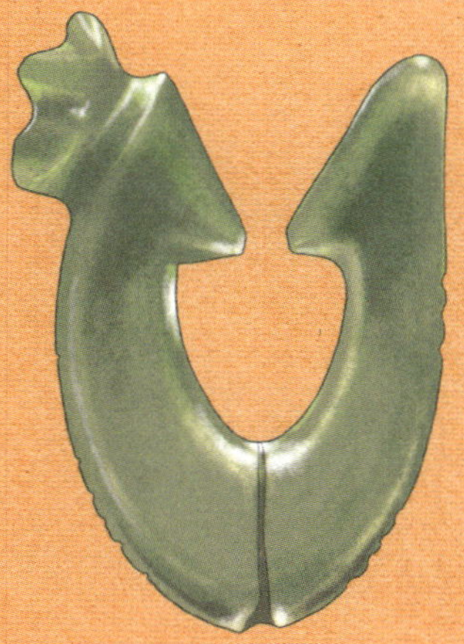

20

WELTKULTUREN

# *Bibliothek*

*Stichwortverzeichnis*
*Kuratoren*
*Bildnachweis*

# Stichwortverzeichnis


'Akau tau (Kampfkeule), Tonga 88
A'a, Statue des Gottes 88
Aborigines 82-83
Agris, Prunkhelm 52-53
Ägypten, altes 4-5, 16-21, 40, 54, 58, 70, 74, 76
Akkadisches Reich 68, 70
Alabaster-Relief 70-71
Alexander der Große 20, 38, 54-55, 74, 76
Ambum, Stein von 84-85
Amphore, schwarzfigurig 57
Amulette 16-17, 20, 21, 52
Ashoka der Große, Säule des Ashoka 5, 41
Aššur-bani-apli 73
Aššur-nasir-apli II. 70-71, 73
Assyrisches Reich 68, 70-73
Athen, Stadtstaat 57
Augustus, Kaiser 58, 60
Augustus von Primaporta 58-59
Austral-Inseln 88
Australische Ureinwohner 82-83
Azteken 5, 24, 28-31

Babylonier 68, 74, 76
Battersea-Schild 52-53
Benin, Königreich 4, 12, 14-15
Bibel 73, 74
Blombos-Höhle, Ockerstein 4, 8-9
Bodhisattva-Statue 48-49
Bogenschützenfries 76-77
Breitbeil-Klinge 90-91
Brettspiel 70
Bronze
Buddha 5, 43, 46-47, 48-49
Figur 48, 54-55, 62
Fläschchen 43
Glocke 45
Kessel 44
Kopf 70-71
Messergeld 45
Schild 52-53
Bronzezeit 42, 68, 70, 73, 74
Buddha 38
Bodhisattva 48-49
Gupta 41
Maitreya 43
Yakushi 46-47
Buddhismus 38, 41, 42, 43, 46, 48

China, altes 4, 5, 42-45, 46, 48
Shang-Dynastie 42
Westliche Han-Dynastie 43, 45
Xia-Dynastie 42
Zhou-Dynastie 42, 43, 45
Christentum 38, 52, 58, 61, 65, 82, 84, 86, 88
Coldstream Stein 8-9

Dänemark 52-53
Darius der Große 76
Depotfund von Harrogate 64-65

Eisen 10, 12, 45, 48-49
Eisenzeit 8, 10, 12, 52, 68
Elfenbein, Walknochen
Armring 14
Handel 8, 10, 40
Maske 5, 15
Ohrschmuck 89
Tafel 74-75
Schachfiguren 5, 64-65
Eros, Fayence-Vase 20
Exekias (Töpfer) 57

Faustkeil 1, 4, 8-9, 64-65
Fayence 20, 21
Felskunst 5, 8-9, 82-83
Fischhaken 90-91
Fresko, Pompeji 61

Ganesha (Hinduistische Gottheit) 40-41
Gefäße
Alabastron 55
Amphore 57
Dinos-Becken 4, 55
Fläschchen, Flasche 43, 46
Kasten 68-69
Kessel 4, 44, 52-53
Krug 34-35
Psykter 57
Schüssel 4, 5, 10-11, 44, 55, 78, 89
Tasse 68-69
Tlaloc-Gefäß 29
Urne 48-49
Vase 5, 20, 57, 62
Zylindrisches Gefäß 34-35
Gladiatoren-Helm 60
Glas 10, 55, 62
Glimmer-Hand 5, 32-33
Gold
Amulett 4, 16-17, 20
Anhänger 74-75
Dolchgriff 45
Goldglas-Alabastron 55
Gürtelschnalle 5, 42-43
Halskragen 16-17
Kopfschmuck 68-69
Krone 5, 48-49
Ohrringe 41, 55
Schale und Zepter 10-11
Tasse 68-69
Torque, Wendelring 5, 52-53
Goldfolie, Vergoldung 10, 16-17, 20-21, 43, 48-49
Götter, Gottheiten, Geister
Austral-Inseln 88
Azteken 28, 29
Griechenland 20, 54, 57
Hinduismus 38, 41
Japan 46
Kanaaniter 74
Kelten 52-53
Maya 27, 29
Melanesier 84
Mesopotamier 68, 73
Mimihs, Aborigines 82
Olmeken 4, 24
Polynesien 88
Rom (Antike) 58-59, 62
Grab, Grabkammer 16, 18, 20, 21
Ägyptische Modelle 18-19
Djehutihotep, Wandrelief 4, 20
Fu Hao, Bronzekessel 44
Grabhügel 32, 46
Haniwa, Wächter 46-47
Hwangnam Daechong, Goldkrone 48-49
Kofun-Grabfigur 46-47
Olmeken, Jade 24-25
Shizishan 43
Silla-Reich 48
Ur, Königsfriedhof 68-73
Grabbeigaben, Bestattungs-Kunst
Ägypten 16-21
Hopewell 32-33
Königsfriedhof von Ur 68-73
Malangan-Schnitzerei 84-85
Maya 26-27
Silla-Reich 48
Westliche Han-Dynastie 43
Urne 48-49
Yangshao-Kultur 44
Grabhügel 32-33, 46, 48
Griechenland, altes 4, 5, 54-57, 58
Groß-Simbabwe, Königreich 8, 10-11
Gundestrup, Kessel von 52-53
Gupta-Periode 41
Gyeongju (Goldene Stadt) 48

Haar, menschliches 82, 88-89
Haarschmuck 88-89
Hahakai, Ohrschmuck 89
Harrogate, Depotfund von 64-65
Hatnefer, Skarabäus 21
Hawaii 86, 89
Hei-Tiki-Anhänger 5, 90-91
Henutmehyt, Sarg, Mumie 16-17
Hieroglyphen 16-19, 27
Hinduismus 38-41
Hoa Hakananai'a, Osterinsel 5, 86-87
Holz
Bestattungsschnitzerei 84-85
Brettspiel 70
Bug (Kanu) 90-91
Götterstatue 88
Kanopenkrug 18
Kasten, Standarte von Ur 68-69
Kava-Schüssel 89
Keule 88, 90-91
Maske 82, 84-85
Hopewell-Kultur 5, 32-33
Horusfalke, Falkengott 16-17, 18, 21
Hunefer, Hofschreiber 18-19

Idrimi, König 74-75
Ife-Königreich 12
Indien, altes 4, 5, 38-41
Indus-Zivilisation 38, 40
Irak 68, 78
Iran 68, 76, 78
Islam, Islamisches Reich 5, 38, 68, 76, 78-79
Jade 5, 24, 27, 42, 44, siehe auch Pounamu
Figur 4, 24-25
Totenmaske 26-27
Schmuck 26-27, 44, 48
Jainismus 38
Japan, altes
Jōmon-Zeit 46
Kofun-Zeit 46
Jesus Christus 74
Juban-Maske 84-85
Julius Cäsar 58
Jupiterstatue 62

Kakadu-Nationalpark 82-83
Kalif, Kalifat 78

Kanaan, Kanaaniter 74
Kanopenkrug 18
Kelten, Keltische Kunst 5, 52-53
Kessel 4, 44, 52-53
Kofun-Grabwächter-Figur
 (Haniwa) 46
Kofun-Zeit 46-47
Konfuzius, Konfuzianismus 42, 45, 46
Konstantin der Große 5, 60-61
Koran 78
Korea, altes 5, 46, 48-49
Kriegskanu, Bug 90-91
Kupfer 4, 10, 12, 32, 34, 64-65, 74-75
Kusch, Reich von 16
Kyrus der Große 76

Lamassu-Steinskulptur 72-73
Lapita-Kultur, -Töpferei 4, 84-85, 86, 88
Lapita-Muster 84-85, 86
La-Tène-Kunst (keltisch) 52-53
Leier, Silber 72-73
Levante 4, 5, 74-75
Lewis-Schachfiguren 5, 64-65
Lindisfarne 52, 65
Lindisfarne, Evangeliar 5, 52-53
Löwenjagd-Relief 70-71
Lydenburg-Kopf 5, 10-11

Mahabharata (Hinduismus) 38
Mahavira 38
Maitreya Buddha 43
Malangan, Schnitzerei
 (Bestattung) 84-85
Malerei, Pigmente
 auf Holz 18-19, 84-85
 auf Ton 34-35, 55, 57
 Blombos-Höhle, Ockerstück 8-9
 Felskunst 5, 8-9, 82-83
 Wandrelief, -gemälde, Fresko 20, 61, 78-79
Mali-Reich, Terracotta-Figur 12-13
Manaia 90-91
Māori, Volk, Kultur 5, 90-91
Mapungubwe, Reich 5, 8, 10-11
Marquesas-Inseln, Hakakai 89
Masken
 Ägypten, Mumienmaske 20-21
 Benin 5, 15
 Helmmaske, Lydenburg 10-11
 Jubwan 84-85
 Maya, Totenmaske 5, 26-27
 Torres-Strait-Insulaner 82
 Yoruba 15
Maya-Kultur 5, 26-27
Melanesien 4, 82, 84-85
Mesopotamien 4, 40, 68-73, 76
Messer
 Steinmesser 32-33
 Zeremonialmesser 28-29
Messergeld 45
Mexiko 24, 27, 28, 34
Moai, Stein-Statuen 5, 86-87
Mohammed, Prophet 78
Mohenjo Daro, Stadt 38, 40
Mosaik 5, 26-27, 28-29, 30-31, 62-63, 68-69
Mumie 16, 18-19, 20-21
Münzen 5, 45, 54, 58, 60-61, 64-65
Musikinstrumente
 Glocke 45
 Harfenmodell 18-19
 Leier 72-73
Muster
 abstrakt 52, 78-79
 geometrisch 8-9, 32, 34-35, 43, 78, 86

Neuseeland (Aotearoa) 5, 86, 90-91
Newark-Erdhügel, Ohio 32-33
Nigeria 14
Niltal 16, 18
Nimrud, Stadt 70, 73, 74
Nofretete, Königin 4, 18-19
Nok, Figur 5, 14

Oba von Benin 12, 14-15
Ocker, Ockerstein 5, 8-9, 82-83
Ohrschmuck 26-27, 41, 55, 89
Olmeken, Kolossalköpfe 4, 24-25
Osterinsel (Rapa Nui) 5, 86-87

Paddel, Bougainville 84-85
Pakal der Große, Grab 26-27
Palenque, Stadt, Tempel 27
Parthenon, Fragment 56-57
Persisches Reich, Bogen-
 schützen 5, 76-77
Pfeifen in Tierform 32-33
Pharaonen 16-19
Philip II., Makedonien 54
Phönizier 74-75
Polynesien 5, 84, 86-89
Portlandvase 5, 62
Pounamu-Werkzeuge,
 -Waffen, -Anhänger 90-91
Psykter, rotfigurige Vasen-
 malerei 57
Pueblo Bonito 34
Pueblo-Kultur 5, 34-35
Pyramiden 16, 24, 27, 28

Radiokarbon-Altersbestimmung 3
Rapa Nui (Osterinsel) 5, 86-87
Rarotonga, Stabgott-Kopf 5, 88
Re, Sonnengott 20-21
Rindentuch, Kapa 89
Römisches Reich,
 Römische Kaiser 54, 58, 62-63, 74

Samarra, Stadt 78
Samoa, Kava-Schüssel 89
Sarg 16-17, 20
Sassaniden-Dynastie 78
Schamanen-Statuette 32-33
Schlangen-Mosaik 5, 30-31
Schmuck
 Amulett 4, 16-17, 20, 52
 Anhänger 5, 15, 44, 74-75, 90-91
 Armring 14
 Fibel (Gewandnadel) 64-65
 Gürtelschnalle 5, 42-43
 Halskragen 16-17
 Kopfschmuck 68-69, 88-89
 Ohrschmuck 26-27, 41, 55, 89
 Perlenmanschette 72-73
 Torque, Wendelring 5, 52-53
Schnitzerei
 Elfenbein 14-15, 64-65, 89
 Gottesstatue 88
 Hieroglyphen 26-27
 Jade 24-25, 26-27, 42, 44, 48-49, 90-91
 Keule 88
 Kopf 24-25
 Kriegskanu, Bug 90-91
 Malangan 84-85
 Maske 82, 84-85
 Messergriff 28-29
 Pounamu 90-91
 Sonnenstein 29
 Speckstein 10-11, 40
Schottland, Isle of Lewis 65
Schrift, Sprache
 Ägyptische Hieroglyphen 16-19
 Arabische Kalligraphie 78-79
 Bibel, hebräisch 74-75
 China, altes 45-46
 Gilgamesch-Epos 72-73
 Homer, Ilias, Odyssee 57
 Indien, Piktogramme 40
 Jesaja-Rolle, große 74-75
 Lindisfarne, Evangeliar 5, 52-53
 Rom 61
 Säule des Ashokar 41
 Schriftrollen vom
  Toten Meer 5, 74-75
 Sintflut-Tafel 72-73
Schwert 60, 65, 73
Shona-Kultur 10
Siegel 40-41, 70-71
Silber
 Axtkopf 64-65
 Blechbeschlag 72-73
 Depotfund von Harrogate 64-65
 Einlegearbeit 43
 Kessel 52-53
 Münzen 65
 Torque 5, 52-53
Silla, Königreich,
 Grabbeigaben 48-49
Sintflut-Tafel 72-73
Skarabäus, Herzskarabäus 21
Skulpturen, siehe auch Schnitzerei, Statuen
 Jade-Figur 4, 24-25
 Kofun-Grabfigur 46-47
 Lamassu-Steinfigur 72-73
 Laufendes Mädchen 5, 54-55
 Moai 86-87
 Nok-Figuren 12-13
 Pfeifen in Tierform 32-33
 Schamanen-Statuette 32-33
 Speckstein-Figur 10-11
 Stein von Ambun 4, 84-85
 Sterbender Kämpfer 56-57
 Tada-Figur 14
 Tonkopf 5, 10-11
Snettisham, England 52-53
Snettisham, Großer Torque
 von 5, 52-53
Sonnenstein 29
Sparta, Stadtstaat 55
Statuen
 Augustus von Primaporta 58
 Bodhisattva 48-49
 Ganesha, Gottheit 38-39
 Idrimi 74-75
 Jupiter 62
 Maitreya-Buddha 43
 Moai 86-87
 Sumerische Figur 70-71
 Tanzendes Mädchen,
  Indus 4, 40
 Yakushi-Buddha 5, 46-47
 Ziegenbock 4, 68-69
 Zwei Männer und ein Kind 21
Stein
 Coldstream 8-9
 Faustkeil 4, 8-9
 Jadefigur 4, 24-25
 Kolossalköpfe 4, 24-25
 Lamassu-Skulptur 72-73
 Marmorsäule 54-55
 Moai 86-87
 Mörser 34-35
 Pfeifen in Tierform 32-33
 Pounamu-Werkzeuge,
  -Waffen, -Anhänger 90-91

Sandstein-Buddha 41
Säule des Ashokar 5, 41
Schamanen-Statuette 32-33
Sonnenstein 29
Speckstein-Figur 10-11
Speckstein-Siegel 40-41
Stein von Ambun 4, 84-85
Wurfgeschoss-Spitzen 32-33
Steingut, siehe Ton
Steinzeit 4, 8, 44, 90
Sterbender Kämpfer, Skulptur 56-57
Sumerische Periode 68, 70
Süßwasserperiode 82
Syrien 68, 74

Tempel
Ägypten 16
Aphaia 57
Artemis 54-55
Olmeken 24
Palenque, Tempel der Inschriften 27
Parthenon 56-57
Römisch 58
Sumerisch 70
Tenochtitlán 29
Tempelsäule, Marmor 54-55
Tenochtitlán, Stadt, Tempel 29
Terracotta, siehe Ton
Textilien 41, 42, 74, 78-79, 89
Tiberius, Schwert des 60
Tlaloc, Regengott 29
Ton, Terracotta
Amphore 57
Figur 5, 14, 40
Flasche 46-47
Gefäße, Schüsseln, Krüge 4, 5, 34-35, 44, 55, 78-79
Grabwächter-Figur 46-47
Kopf 5, 10-11
Siegel 70-71
Sintflut-Tafel 72-73
Urne 48-49
Wasserspeier 62
Ziegelfries 5, 76-77
Töpferei
Griechenland 4, 55, 57
Jōmon 46-47
Lapita 4, 84-85
Pueblo 5, 34-35
Trajan, Kaiser 60-61
Türkis 28-29, 30-31, 34

Udjat-Auge, Horusauge 21
Ur, Stadt 68-73

Vanuatu, Pentecost-Insel 84
Veden, religiöse Schriften 38
Waffen
Dolch 45
Faustkeil 4, 8-9
Helm 52-53, 60
Keule 88, 90-91
Pferde-Rüstung 48-49
Schild 52-53
Schwert 60, 73
Walknochen-Ohrschmuck 89
Wandmalerei 20, 61, 78-79
Werkzeuge
Breitbeil-Klinge 90-91
Faustkeil 4, 8-9, 64-65
Messer 32-33
Wasserspeier 62
Wikinger, Wikinger-Zeit 64-65

Yakushi Buddha 5, 46–47

Zepter 4, 10, 74-75


# Verzeichnis der Museen und Sammlungen

Die Ausstellungsstücke im Museum der Weltkulturen kommen aus der ganzen Welt. Die meisten befinden sich in Museen. Dort können sie angeschaut werden, falls sie gerade gezeigt werden.*

Arthur M Sackler Gallery – Smithsonian Institution, Washington, DC, USA: Asien; Tafel 13

Chinesisches Nationalmuseum, Peking: Asien; Tafel 12

Dänisches Nationalmuseum, Kopenhagen, Dänemark: Europa; Tafeln 4, 25, 26

Freer Gallery of Art – Smithsonian Institution, Washington, DC, USA: Asien; Tafel 9

Glyptothek München, Deutschland: Europa; Tafel 11

Israel-Museum, Jerusalem, Israel: Naher Osten; Tafeln 15, 19

Iziko South African Museum, Kapstadt, Südafrika: Afrika; Tafeln 2, 3 (In der Ausstellung ist eine Kopie des Ockerstücks aus der Blombos-Höhle zu sehen, um das Original zu schützen.)

Kimbell Art Museum, Fort Worth, Texas, USA: Amerika; Tafel 3

Koreanisches Nationalmuseum, Seoul, Südkorea: Asien; Tafeln 20, 23

Louvre, Paris, Frankreich: Afrika; Tafel 9

McGregor Museum, Kimberley, Südafrika: Afrika; Tafel 1

Musée d'Angoulême, Angoulême, Frankreich: Europa; Tafel 2

Museo Archeologico Nazionale di Napoli, Neapel, Italien: Europa; Tafeln 19, 23

Museo de Antropología de Xalapa, Xalapa, Mexiko: Amerika; Tafel 2

Museo del Templo Mayor, Mexiko-Stadt, Mexiko: Amerika; Tafel 9

Museo Nacional de Antropología, Mexiko-Stadt, Mexiko: Amerika; Tafeln 1, 6, 8

National Gallery of Australia, Canberra, Australien: Ozeanien; Tafeln 2, 3, 5

National Museum of African Art – Smithsonian Institution, Washington DC, USA: Afrika; Tafel 8

National Museum of the American Indian – Smithsonian Institution, Washington, DC und New York, USA: Amerika; Tafeln 15, 16

Nationalmuseum Gyeongju, Gyeongju, Korea: Asien; Tafeln 21 (Hausförmige Urne), 22 (Eiserne Pferde-Rüstung)

Nationalmuseum Nara, Japan: Asien; Tafel 19

Nationalmuseum Neu-Delhi, Indien: Asien; Tafeln 2, 4, 7

Nationalmuseum Tokio, Japan: Asien; Tafel 18

Neues Museum, Berlin, Deutschland: Afrika; Tafel 20

Ohio History Center, Columbus, Ohio, USA: Amerika; Tafeln 11, 12, 13

Pergamonmuseum, Berlin, Deutschland: Naher Osten; Tafel 20

Privatsammlung: Asien; Tafel 1

Te Papa Tongarewa, Museum of New Zealand, Wellington, Neuseeland: Ozeanien; Tafeln 10, 13, 15, 16, 18, 19

The British Library, London, Großbritannien: Europa; Tafel 5

The British Museum, London, Großbritannien: Afrika; Tafeln 7, 10, 11, 13, 17, 18, 19, 21, 22, 23, 24, 25, 27. Amerika; Tafeln 7, 10, 14. Asien; Tafeln 3, 5, 14, 16. Europa; Tafeln 1, 3, 6, 9, 12, 13, 15, 17, 18, 20, 21, 24, 27. Naher Osten; Tafeln 1, 3, 4, 5, 8, 9, 10, 11, 12, 13, 16, 17, 18, 22. Ozeanien; Tafeln 8, 9, 11, 17, 20

The Metropolitan Museum of Art, New York, USA: Afrika; Tafeln 12, 14, 15, 16, 26, 28. Amerika; Tafeln 4, 5, 17. Asien; Tafeln 6, 10, 11, 15, 17. Europa; Tafeln 7, 8, 10, 14, 22. Naher Osten; Tafeln 2, 6, 14, 21, 23. Ozeanien; Tafeln 6, 7, 14

Ubirr Art Site, Kakadu Nationalpark, Northern Territory, Australien: Ozeanien; Tafel 1 (Die Felskunst im Kakadu-Park befindet sich nicht im Museum, sondern am Ursprungsort)

Universitätsmuseum Bergen, Bergen, Norwegen: Ozeanien; Tafel 12

University of Auckland, Department of Anthropology, Archaeological Reference Collection, Auckland, Neuseeland: Ozeanien; Tafel 4

University of Chicago, Oriental Institute Museum, Chicago, Illinois, USA: Naher Osten; Tafel 7

University of Pretoria Museums – Mapungubwe Collection, Pretoria, Südafrika: Afrika; Tafeln 4, 5

Vatikanische Museen, Rom, Italien: Europa; Tafel 15

Xuzhou Museum, Xuzhou, Provinz Jiangsu, China: Asien; Tafel 8

Yorkshire Museum, York, Großbritannien: Europa; Tafel 28 (Münze, Vorder- und Rückseite)

*Viele der hier abgebildeten Exponate sind Bestandteile von Museums-Sammlungen. Es kann nicht garantiert werden, dass die Objekte jederzeit ausgestellt sind.

# Kuratoren

Der Illustrator **Richard Wilkinson** lebt und arbeitet in Brighton. Der Autodidakt hat bereits für *New Scientist, Intelligent Life, TIME* und Ted Baker gearbeitet.

**Jo Nelson** hat an der Universität Cambridge Sprachwissenschaft studiert und verfasst seit 15 Jahren Sachbücher.

# Impressum


Titel der Originalausgabe: Historium. Welcome to the Museum


Die Deutsche Nationalbibliothek verzeichnet diese Publikation in der Deutschen Nationalbibliografie; detaillierte bibliografische Daten sind im Internet über http://dnb.d-nb.de abrufbar.

Prestel Verlag, München, in der Verlagsgruppe Random House GmbH
www.prestel.de

Übersetzung: Ute Löwenberg, Düsseldorf
Lektorat: Katharina Knüppel, München
Herstellung: Astrid Wedemeyer
Satz: textum GmbH, München

MIX
Papier aus verantwortungsvollen Quellen
FSC® C008047

Gedruckt in China

ISBN 978-3-7913-7237-2

# Bildnachweis

**Für die Illustrationen im Museum der Weltkulturen dienten Fotografien als Ausgangsmaterial. Der Herausgeber dankt den folgenden Museen, Einzelpersonen und Fotoarchiven für die Erlaubnis, ihre Bilder zu diesem Zweck nutzen zu dürfen. Es wurden alle Anstrengungen unternommen, die Rechte-Inhaber zu kontaktieren. Sollte dies in einzelnen Fällen nicht gelungen sein, bitten wir um Entschuldigung. Gern nehmen wir in weiteren Ausgaben entsprechende Korrekturen vor.**

**Afrika**

Tafel 1 (Bild links, ebenso S. 4): Steven J H Walker. Tafel 2 (ebenso S. 4): Courtesy of Prof. Christopher Henshilwood, Universität Bergen, Norwegen. Tafeln 3, 6 (ebenso S. 5): Courtesy of Iziko Museums of South Africa. Tafeln 4 (ebenso Vorderdeckel & S. 5), 5 (Zepter ebenso auf Vorderdeckel): Courtesy of the University of Pretoria Museums, Mapungubwe Collection. Tafel 8: Künstlerzeichnung Reiterfigur, Inland-Niger-Delta Stil, Mali, 13. – 15. Jh., Keramik, 70,5 × 15,2 × 45,7 cm, Museumsankauf, 86-12-2, National Museum of African Art, Smithsonian Institution, Washington, DC. Tafel 9 (ebenso S. 5, 6 & Rückdeckel): Illustration basierend auf Fotografie von Marie-Lan Nguyen. Tafeln 12 (ebenso S. 5), 14, 15 (ebenso S. 7), 16 (ebenso S. 5), 26 (ebenso S.xxi), 28: © 2015 Copyright The Metropolitan Museum of Art/Art Resource/Scala, Florenz. Tafel 20 (ebenso S. 4): Illustration basierend auf Fotografie von Philip Pikart.

**Amerika**

Tafel 1 (ebenso S. 4, 23 & Vorderdeckel): Courtesy of the National Institute of Anthropology and History, Mexiko. Tafel 2 (ebenso S. 4 & Vorderdeckel): Courtesy of the National Institute of Anthropology and History, Mexiko. Tafel 3: © 2015 Kimbell Art Museum, Fort Worth, Texas/ Art Resource, NY/Scala, Florenz. Tafeln 4, 5, 17: © 2015 Copyright The Metropolitan Museum of Art/Art Resource/Scala, Florenz. Tafel 5 (ebenso S. 5 & Frontcover): Courtesy of the National Institute of Anthropology and History, Mexiko. Tafel 8: Courtesy of the National Institute of Anthropology and History, Mexiko. Tafel 9 (ebenso S. 22 & Vorderdeckel): Courtesy of the National Institute of Anthropology and History, Mexiko. Tafel 11: Courtesy of Ohio History Connection (A125/000021). Tafel 12 (ebenso Rückdeckel): Courtesy of the Ohio History Connection (A3874/000001) (loan). Tafel 13 (ebenso S. 5 & Rückdeckel): Courtesy of Ohio History Connection (A0283/000294). Tafel 15 (ebenso S. 5): National Museum of the American Indian, Smithsonian Institution (5/2109), Foto von NMAI Photo Services. Tafel 16: National Museum of the American Indian, Smithsonian Institution (5/1364), Foto von Ernest Amoroso.

**Asien**

Tafel 2 (ebenso S. 4): National Museum – New Delhi Collection, acc no: 5721/195. Tafel 4: National Museum – New Delhi Collection, acc no: 83.126. Tafeln 6, 10, 11, 15, 17: © 2015 Copyright The Metropolitan Museum of Art/Art Resource/Scala, Florenz. Tafel 7: National Museum – New Delhi Collection, acc no: 47.20. Tafel 8 (ebenso S. 5 & Vorderdeckel): Xuzhou Museum. Tafel 9 (ebenso S. 36): Freer Gallery of Art, Smithsonian Institution, Washington, DC: Gift of Charles Lang Freer, F1915.103a-b. Tafel 12 (ebenso S. 4): Illustration basierend auf Fotografie von Yan Li. Tafel 13: Arthur M. Sackler Gallery, Smithsonian Institution, Washington, DC: Gift of Arthur M Sackler, S1987.655. Tafel 18 (ebenso Rückdeckel): Tokyo National Museum. Tafel 19 (ebenso S. 5): Fotografie zur Verfügung gestellt von Nara National Museum, the Collection of Nara National Museum. Tafel 20 (ebenso S. 2 & 5): Gyeongju National Museum of Korea, Goldkrone vom Nordhügel des Hwangnam Daechong-Grabes, Hwangbuk No. 1, Gyeongju. Tafel 21: Gyeongju National Museum of Korea, Hausförmige Urne (Bukgun-dong), Sinsu No. 1121, Gyeongju. Tafel 22: Gyeongju National Museum of Korea, Eiserne Pferderüstung/Sara-ri Tomb No. 65, Gyeongju. Tafel 23 (ebenso S. 37): National Museum of Korea, Vergoldete Bodhisattva-Statue, Maitreya in Meditation (National Treasure No. 83).

**Europa**

Tafeln 2, 4: Illustrationen basierend auf Fotografie von Xuan Che. Tafel 5 (ebenso S. 5): Fotografie © The British Library Board, Cotton Nero D IV f137v. Tafeln 7 (ebenso S. 50), 8, 10 (ebenso S. 4), 14, 22: © 2015 Copyright The Metropolitan Museum of Art/Art Resource/Scala, Florenz. Tafel 11: Khan Academy. Tafel 15: Fotografie © Vatican Museum; all rights reserved; Original-Statue in der Sammlung der Vatikanischen Museen, reproduziert mit freundlicher Genehmigung der Vatikanischen Museen. Tafel 19: Mit Genehmigung des Ministeriums für Kulturgüter und Tourismus – Superintendentur für das archäologische Kulturerbe Neapels und Pompejis. Tafel 23: Illustration basierend auf Fotografie von Carole Raddato. Artefakt wiedergegeben mit Genehmigung des Ministeriums für Kulturelles Erbe und Tourismus – Superintendentur für das archäologische Kulturerbe Neapels und Pompejis. Tafeln 25, 26: National Museum of Denmark.

**Naher Osten**

Tafeln 2, 6, 14, 21 (ebenso S. 5), 23 (ebenso S. 5): © 2015 Copyright The Metropolitan Museum of Art/Art Resource/Scala, Florenz. Tafel 7: Illustration nach D. 019208: Männliche Statue, Tell Asmar (A12332); courtesy of the Oriental Institute of the University of Chicago. Tafeln 15 & 19: (ebenso S. 4 & 5): © The Israel Museum, Jerusalem. Tafel 20 (ebenso S. 5): Basierend auf Fotografie von Mohammed Shamma.

**Ozeanien**

Tafel 1 (ebenso S. 5): Felskunst illustriert und wiedergegeben mit freundlicher Genehmigung der traditionellen Besitzer aus der East-Alligator-Region, Kakadu National Park. Tafel 2: Abbildung basierend auf: Mask, Aboriginal & Torres Strait Islander Art, at the National Gallery of Australia, Canberra. Tafel 3: Ambum Valley, Western Highlands, Papua-Neuguinea, Stein von Ambun, Alter 3500 – 6000 Jahre, Grauwackenstein, 20 × 7,5 × 14 cm, National Gallery of Australia, Canberra, erworben 1977. Tafel 4 (ebenso S. 4): Courtesy of the Anthropology Photographic Archive, Department of Anthropology, The University of Auckland. Tafel 5: Chubwan mask, Pentecost-Insel, Provinz Penama, Vanuatu, Melanesien, Holz, 24,0 × 14,5 × 11,5 cm, National Gallery of Australia, Canberra, erworben 2011. Tafeln 6, 7, 14: © 2015 Copyright The Metropolitan Museum of Art/Art Resource/Scala, Florenz. Tafel 10: 'akau-tau (Kampfkeule), 1700er, Tonga, unbekannter Künstler; gift of Lord St Oswald, 1912; Te Papa (FE000339). Tafel 12: Basierend auf Fotografie von Billie Lythberg, mit Erlaubnis von Knut Rio. Tafel 13 (ebenso S. 83): Tanoa fai'ava (Kava-Schüssel), 1800er, Samoa, unbekannter Künstler; gift of Mrs Louisa Kronfeld, 1939; Te Papa (FE010512). Tafel 15: Kapa (Rindentuch), 1770er, Hawaii, unbekannter Künstler. Gift of Dr P. Adams, 1947; Te Papa (FE005246). Tafel 16: Toki poutangata (Zeremonial-Breitbeil-Klinge, Nephrit), 1500 – 1820, Neuseeland, unbekannter Künstler; Oldman Collection; gift of the New Zealand Government, 1992; Te Papa (OL000117). Tafel 18 (ebenso S. 5): Hei tiki (Anhänger, menschliche Figur), 1600 – 1850, unbekannter Künstler. Erworben 1972; Te Papa (ME012842). Tafel 19: Matau (Fischhaken), 1750 – 1850, Neuseeland, unbekannter Künstler; Oldman Collection; gift of the New Zealand Government, 1992; Te Papa (OL000097).